Elogios

«Vivimos en un mundo donde la prisa, el estrés, la ansiedad y la depresión se han convertido en la norma común para muchos, incluso para aquellos que somos seguidores de Jesús. Necesitamos que se nos recuerde quién es Dios, quiénes somos en Él y las promesas que Él hace sobre una vida que es mucho más de lo que a veces nos conformamos con experimentar. En este libro eso es exactamente lo que hace Kike. Lo conozco desde hace años como amigo y alguien con quien he tenido el privilegio de invertir en su vida. Ha aceptado la verdad de que el llamado principal en nuestras vidas no es el ministerio, sino la intimidad con Dios. La clave para conocer la paz y la satisfacción que Jesús nos ofrece en la vida es buscar diariamente la intimidad con Él. Este libro es un regalo para cualquiera que necesite saber o recordar que lo que vemos, experimentamos y sentimos no es el final. No somos la suma de nuestras emociones, y este mundo no es nuestro hogar definitivo. Hay mucho más en este camino mientras esperamos en el Señor y dejamos que Él nos lleve de la mano».

Vance Pitman
Presidente, SEND Network
Autor de *The Stressless Life* y *Unburdened*

«Kike Torres es un hombre de extraordinaria pasión por Dios y amor por las personas. La sabiduría práctica que comparte en este libro, basada en años de experiencia en el ministerio pastoral y de consejería, sin duda te ayudará a levantar el ánimo y fijar tu mirada en la suficiencia de Cristo».

Daniel Henderson
Director Global de Fellowship 6:4

"En estos días difíciles, la salud emocional está bajo ataque como nunca antes. ¡Kike Torres trae un mensaje diario de esperanza, ánimo y gozo!"

Mark Hoover

KIKE TORRES

DIOS EN MIS DESIERTOS Y TORMENTAS

Una jornada para ver a Dios
en medio del desánimo, depresión,
angustia y ansiedad

 Vida

La misión de Editorial Vida es ser la compañía líder en satisfacer las necesidades de las personas, con recursos cuyo contenido glorifique al Señor Jesucristo y promueva principios bíblicos.

DIOS EN MIS DESIERTOS Y TORMENTAS
© 2022 por José Enrique Torres Guzmán
Este título también está disponible en formato electrónico.

© Vida México.
© 2022. Vida México es un sello de HarperCollins México.

Formación de interiores: *Claudia Brenda Camacho López*
Edición del texto: *José Mendoza Sidia*

ISBN Rústica: 978-1-400-24446-1
ISBN eBook: 978-6-075-62175-3

CATEGORÍA: RELIGIÓN / Iglesia cristiana / Crecimiento

Contenido

Prefacio

Una base para el proceso

«Dios mío, Dios mío, ¿por qué me has abandonado?
¿Por qué estás tan lejos de mi salvación y de las palabras
de mi clamor?
Dios mío, de día clamo y no respondes;
Y de noche, pero no hay para mí reposo»
(Salmo 22:1-2 TLA, énfasis añadido).

———— ▪ ————

El alma del que está pasando por el desierto de la depresión o está bajo el ataque de ansiedad lee un pasaje así y de pronto tiene una sensación extraña de esperanza porque se da cuenta de que la Biblia habla de uno y no necesariamente termina mal (claro, si sigues leyendo la Biblia).

Dios permitiría que un muchacho que se consideraba incluso cristiano, cayera en un desierto de meses hace casi 20 años atrás. El Señor usaría esa experiencia dolorosa para abrir mis ojos y que pudiera, al igual que

Job, conocer al Dios del que solo había oído hablar por más de 10 años, pero que desde esa temporada ha podido ver, experimentar y disfrutar (Job 42:5).

Yo soy ese muchacho y ahora le conozco, pero también he podido comprobar que **Dios usa todo** para cumplir sus propósitos en nosotros. Hoy tengo el gozo de saber que, cuando leas estas palabras, estarás siendo invitado por Dios o equipado por Él para ayudar, junto conmigo, en Él a quienes necesitan justo aquello para lo cual Jesús fue enviado:

«*El Espíritu del Señor Dios está sobre mí,*
porque me ha ungido el Señor
*para **traer buenas nuevas a los afligidos**;*
*me ha enviado para vendar a los **quebrantados de corazón**,*
*para proclamar **libertad a los cautivos***
y liberación a los prisioneros;
para proclamar el año favorable del Señor,
y el día de venganza de nuestro Dios;
*para **consolar a todos los que lloran**»*
(Is 61:1-2, énfasis añadido).

Estoy escribiendo este libro[1] mientras continúan las investigaciones sobre la muerte de un pastor renom-

---

[1] Mayo 2020.

brado en los Estados Unidos, pero todo indica que fue un suicidio. Uno de mis mentores me dijo: «es el segundo amigo pastor que este año se va así». También estoy escribiendo durante la temporada de covid-19, en la que el mundo entero ha sido golpeado por los vientos de incertidumbre y muchos, gobernados por la mercadotecnia del miedo, encuentran propicio este tiempo para leer un libro como el mío.

Personal de la Secretaría de Salud mexicana exponía en una reunión informativa que son cuatro problemas los que la pandemia ha magnificado:

1. Autolesión y suicidio.
2. Ansiedad y ataques de pánico.
3. Depresión.
4. Violencia intrafamiliar.

Creo que varios de estos problemas están interrelacionados, por lo que dediqué el desarrollo de este recurso para atender estas batallas reales que se dan dentro y fuera de la iglesia, buscando poner en la mesa una esperanza aún más real y eterna.

«*La depresión… es real. Le pasó incluso a Billy Graham*»,[2] escuché decir a Johnny Hunt en una reunión de pastores. Yo mismo la he sufrido y puedo decir que Dios me preparó para escribir este libro. Creo que puedo ayudarte si estás pasando por el desierto depresivo o el ataque de ansiedad, **pero no para condenarte, sino para invitarte, de su parte, para que recibas de su ayuda**. Él tiene mucho que enseñarnos sobre estos problemas y quiere mostrarnos los propósitos en todo lo que puedas estar pasando. Lo verás.

¿CÓMO SE DISEÑÓ Y POR ENDE CÓMO LEER ESTE LIBRO?

«Una nueva vida, de Cristo en adelante» es el primer recurso y base de toda esta serie titulada «Con tu consejo». Está basado en Salmo 73:24 y de donde también toma nombre nuestra conferencia anual de consejería bíblica.[3]

«Con Tu consejo me guiarás,
Y después me recibirás en gloria» (Salmo 73:24).

---

[2] El más famoso evangelista del siglo XX.

[3] www.contuconsejo.com

Esta serie es fruto de años de estudio y observación en el ejercicio de la Palabra de Dios, impartida tanto en mi vida como la de otros. Creo que ciertamente hay un diseño con el cual fuimos creados por Dios y al abrazarlo y seguirlo se experimenta un gozo distinto al ofrecido por este mundo.

Pablo nos dice lo que debe pasar en nosotros cuando nos presentamos a Dios como un sacrificio de vida en adoración:

> *«Y no se adapten (no se conformen) a este mundo, sino **transfórmense mediante la renovación de su mente**, para que verifiquen cuál es la voluntad de Dios: lo que es bueno y aceptable (agradable) y perfecto»*
> (Ro 12:2 énfasis añadido).

Dios nos diseñó con la capacidad de que **nuestra mente pueda ser transformada** en Él. Las ciencias cognitivas han comprobado que en 21 días se forma un hábito a nivel cerebral, pero se requieren 63 días de perseverancia en la meditación y aplicación/ejercicio de ese hábito nuevo para que se genere una nueva «raíz de pensamiento» que derivará en un verdadero cambio «de dentro hacia afuera»[4].

Me he llegado a dar cuenta, después de aconsejar a personas de todas las edades, de que no estamos acostumbrados a trabajar procesos y menos en la consejería bíblica. Incluso se le llama «discipulado» a una serie de clases de doctrina en la iglesia, pero la misma palabra significaba otra cosa a la que entendemos ahora en tiempos de Jesús. En ese entonces se entendía al discipulado como una relación activa en la que uno sigue los pasos de su «maestro/rabí».

Este libro tiene como propósito que tú, amado lector, tengas una relación activa con Jesús y su Palabra, siguiendo sus pasos en comunión con Él. Para ello he diseñado un programa de 21 días en los que caminaremos juntos a través de la palabra TÁCTICA que usamos en mi primer libro:

Tema; Atesorar; Corregir; Transcribir; Integrar; Confiar; Activar

Al final terminaremos con otro formato de actuación al que le he llamado las 5 Cs. Esto tiene como

---

[4] Leaf, Dr. Caroline, «Limpia tu enredo mental: 5 pasos simples probados por la ciencia para reducir la ansiedad, el estrés y los pensamientos tóxicos», Whitaker House, Madrid, 2021.

objetivo disciplinarnos al enfocar nuestros elementos receptores (oídos y ojos) en la verdad que Dios nos entrega para poder realmente **verle hacer en nosotros lo que solo Él puede hacer.**

Ya he caminado suficiente en este tema y, aunque no debería hacerlo, creo que es importante enfatizar: *Si no honras y te aplicas en cada elemento de la TÁCTICA y 5 Cs, este libro será solo un libro más de recursos y conceptos útiles sobre una vida que seguirás anhelando vivir algún día.*

Reitero la importancia de leer previamente «Una nueva vida, de Cristo en adelante» en la que vimos por siete semanas porciones claves para la nueva identidad que Dios ofrece en Cristo para ti y para mí al ser un hijo o hija amados del Rey.

Si se mantiene la tendencia actual, la depresión será la enfermedad prevalente a partir de 2021. La pandemia y la crisis que estamos sufriendo fortaleció esa tendencia. Incluso los médicos están recetando antidepresivos a enfermos de covid-19 porque se han dado cuenta de que incluso el tema anímico es clave en la recuperación de la persona. Médicos en América Latina están recetando antidepresivos como la receta obligada ante situaciones que ellos mismos reconocen que no tienen conexión con un tema físico, pero sí emocional o psicológico. El problema es que están dando solo un paliativo, del mismo modo que si solo trataran el dolor de un enfermo terminal con un analgésico. Solo les ayudan a «no sentir», mas el daño continúa y la muerte se avecina.

Como ya he mencionado, según el gobierno mexicano (el dato cuadra también con otros países, especialmente hispanos) los cuatro problemas que se han magnificado durante esta temporada son (1) autolesión y suicidio; (2) ansiedad y ataques de pánico; (3) depresión; y (4) violencia intrafamiliar. Este libro tiene como objetivo tratar con tres de esos cuatro problemas principales. Dios mediante, en el futuro trabajaremos con el del enojo, abuso y violencia.

Quisiera presentar en este libro la realidad y la esperanza que el evangelio ofrece aun cuando hombres piadosos son llevados por desiertos para **atraer, enseñar, formar, comunicar y, sobre todo, experimentar el consuelo divino** en medio de este mundo caído. Con ese consuelo que viene de parte de Dios podremos ministrar, aconsejar con la Palabra y acompañar a quienes están bajo ataque y perdiendo sus batallas.

DEFINICIONES Y SÍNTOMAS

Partamos por la definición general y secular de la depresión para poder conectar con lo que quizás el nuevo lector o la persona que lo padece entiende y experimenta. De acuerdo con *Medline Plus*,[5] se define la depresión como «el hecho de sentirse triste, melancólico, infeliz, abatido o derrumbado». La mayoría de nosotros se siente de esta manera de vez en cuando durante períodos cortos.

Por otro lado, «la depresión clínica» es un trastorno del estado anímico en el cual los **sentimientos de tristeza, pérdida, ira o frustración interfieren con la vida** diaria durante un período de algunas semanas o más». Los síntomas que se presentan son:

1. Estado de ánimo irritable o bajo la mayoría de las veces.
2. Dificultad para conciliar el sueño o exceso de este.
3. Cambio importante en el apetito, a menudo con aumento o pérdida de peso.
4. Cansancio y falta de energía.
5. Sentimientos de inutilidad, odio a sí mismo y culpa.
6. Dificultad para concentrarse.
7. Movimientos lentos o rápidos.

---

[5] Recurso virtual de la Biblioteca Nacional de Medicina del gobierno de los Estados Unidos: https://medlineplus.gov

8. Inactividad y retraimiento de las actividades usuales.

9. Sentimientos de desesperanza o abandono.

10. Pensamientos repetitivos de muerte o suicidio.

11. Pérdida de placer en actividades que suelen hacerlo feliz, incluso la actividad sexual.

Estarás de acuerdo en que, en esencia, cualquier adolescente promedio y aun muchos de nosotros podríamos «auto-diagnosticarnos» depresión en algún momento de nuestras vidas ¿cierto? Es asombrosa la cantidad de personas que me escriben en las redes sociales usando diagnósticos clínicos. Cuando les pregunto quién los diagnosticó, me responden: «es que busqué en internet y...». Valga la oportunidad para aconsejarte que el Internet no es la mejor fuente para obtener un diagnóstico y menos aún tratamientos o posibles soluciones.

Según la mayoría de los especialistas, se requieren al menos 5 de los 11 síntomas mencionados arriba para ser diagnosticado con depresión o trastorno depresivo, que es como se le conoce clínicamente. Estas definiciones y síntomas son útiles, pero solo de modo descriptivo, como cuando alguien acude al médico y le dan un resumen de lo que sufre. Sin embargo, tener claridad de los padecimientos **no resuelve nada a nivel del verdadero problema.**

En la iglesia recibimos constantemente muchas personas con depresión, pero también es cierto que muchas iglesias no saben verdaderamente cómo ayudar a una persona con depresión. Por otro lado, hay cristianos que han llegado a sufrir períodos de lo que el mundo llamaría temporadas depresivas, pero que, lamentablemente, estas son las principales respuestas que reciben al buscar ayuda en su iglesia:

- Déjame orar por ti (no está mal y es súper necesaria).
- Tienes un espíritu depresivo, ve por un jarrón de barro, vamos a ponerle sal y vamos a sacar ese espíritu de ti (no estoy bromeando).
- Déjame recomendarte un psicólogo/psiquiatra.
- No estés así. No tienes razón válida para estar triste porque eres cristiano.
- ¡Ya! ¡Ponte bien!
- Hay pecado en ti (es condenado y aislado del cuerpo «saludable» de Cristo).
- Sal de tu encierro, encuentra a otra persona, diviértete, etcétera.

Incluso es posible que los que cuentan con una certificación como pastores y consejeros bíblicos tienden a entregar solo argumentos teológicos para circunscribir las causas comunes de la depresión:

- Olvidar a Dios.
- Pecado.
- Identidad olvidada.
- Orgullo.
- Aislamiento.

Estos énfasis desmedidos pueden llevar al consejero a perder de vista que un elemento clave de la depresión es el **sufrimiento**. Considero que **la depresión es una forma de sufrimiento que no puede ser reducida a una sola causa universal.** Esto significa que la familia y amigos no solo deberíamos ir «con un arsenal de respuestas» y entregar «la respuesta correcta». Por el contrario, debemos evitar sacar conclusiones o teorías particulares y apresuradas para las causas del sufrimiento y **tomar el tiempo para conocer a la persona que está sufriendo, apoyarla y trabajar junto con ella.**

Algo que sí sabemos quienes hemos experimentado la depresión es que **produce dolor y es muy difícil de entender.** Al igual que muchos de los sufrimientos, se percibe como privado y aislado, tal como lo expresa el maestro de sabiduría: «El corazón conoce su propia amargura...» (Pr 14:10a).

Hay un nivel de dolor que es muy personal y no se soluciona con una charla o con frases buenas o motivantes para animar a la persona. Hay un dolor interno, una frustración muy personal que no podremos conocer o asumir con rapidez. Debemos darnos el tiempo para amar y escuchar con atención y amor.

Un colega me contó que lo que lo motivó a prepararse en consejería bíblica fue un pastor que lo acompañó en su depresión tras la muerte de su padre. El pastor solo iba a sentarse junto a él y ver la pared juntos. Él me dijo,

«Por días llegaba a la misma hora, solo dispuesto a esperar el momento en que yo estuviera listo para hablar. No me regañó, no me agarró a bibliazos, solo me amó. En su actitud vi encarnado lo que dice la Palabra: "lloren con los que lloran". En su momento empecé a hablar y él a ayudar. Yo quiero hacer lo mismo por otras personas de parte de Dios».

¿POR QUÉ UN LIBRO QUE JUNTA LA DEPRESIÓN Y LA ANSIEDAD?

Ambas dolencias son consideradas «primas hermanas» porque es muy común que quien experimente una también experimente la otra. Incluso las personas se ponen ansiosas porque no saben cuándo terminará (o si terminará) su paso por el desierto depresivo. Otras se deprimen al no poder resolver todo aquello que Dios les está mostrando que no tienen en control o que no operan a su gusto o deseo. La frustración termina en desesperanza.

La ansiedad se entiende como **la reacción emocional, incluso física, ante una amenaza real o percibida.** Hablaremos más adelante de esto con más detalle, pero muchos viven ansiosos por situaciones que jamás experimentarán. Satanás es muy astuto y nuestra carne muy simple como para «comprar» ilusiones en dimensiones enormes e irreales. Somos como niños frente a una imagen 3D. Algo luce enorme y tan real que terminamos moviendo nuestras manos para «tocarlo» o cerramos nuestros ojos para «protegernos» de su presencia.

No todas son ilusiones porque ciertamente hay amenazas reales, pero en estos 21 días caminaremos con un Dios que no solo es más real, sino que es más grande. Por su parte, el Señor no usa en la Biblia la palabra depresión o ansiedad como tal, sino que expone sensaciones físicas y emociones con las que podemos identificarnos. Por ejemplo, habla de aflicción, abatimiento/decaimiento y de otros elementos que veremos en este libro y que se refieren a lo que podríamos entender como depresión. También observaremos el afán, miedo, temor o la turbación para referirse a la ansiedad. Sin embargo, un término bíblico que encierra a ambos es la angustia.

> *«No estés lejos de mí, porque*
> *la **angustia** está cerca,*
> *Pues no hay nadie que ayude»*
> (Salmo 22:11, énfasis añadido).

Incluso se nos comunica en el Nuevo Testamento que Jesús, al ser el Sumo Sacerdote de nuestra alma, necesitaba ser experimentado en todos nuestros quebrantos. Jesús mismo dijo:

> *«Ahora **mi alma se ha angustiado**; y, ¿qué diré: "Padre,*
> *sálvame de esta hora"? Pero para esto he llegado a esta hora»*
> (Juan 12:27, énfasis añadido).

La palabra «angustia» comunica tanto en hebreo como en griego la sensación de aprieto, problema, aflicción, calamidad, conflicto, tribulación, incertidumbre, agitación, inquietud, sobrecogimiento (algo que empieza a tomar control o dominio sobre la persona). Pero ahora, de pronto, tenemos una esperanza enorme al ver que **la Biblia habla de lo que experimentamos** y que Dios no solo tiene mucho que decir al respecto, sino que no nos dejará en ese valle sombrío.

Antes de continuar quisiera volver a poner de manifiesto los tres elementos que hacen que la consejería sea bíblica:

1. Honra la supremacía de la Palabra de Dios.
2. Prioriza lo que Dios prioriza: su glorioso plan de salvación, transformación y gloria en Jesús.
3. Ten como parámetro, medio y objetivo visible a Jesús y su Evangelio en la vida de la persona.

Teniendo esta base en mente para arrancar la jornada, quisiera que tengas claras tres amenazas contra tu andar y alma:

1. Del mismo modo que hay un Dios que puede, pero sobre todo quiere salvarte, sanarte y trans-

formarte por siempre para su gloria, también hay un enemigo cuya **agenda involucra distraerte** y que, por ende, te apoyes en otras cosas (empezando por ti), como lo aprendimos en mi libro «Una nueva vida, de Cristo en adelante».

2. Este mundo está saturado de voces (empezando por la tuya) que te ofrecerán paliativos o soluciones rápidas para tus problemas. Te invito a que recuerdes la frase tan usada por nuestros abuelitos, «Lo barato sale caro». Todo aquello que vale la pena como, por ejemplo, una obra de arte, requiere de un proceso que tomará tiempo, trabajo y dedicación diligente. ¡Persevera!

3. Lo que veas y se mueva a tu alrededor no puede ser tu parámetro de estado y destino. Ya hemos comprobado que ser guiados solo por lo que sentimos o vemos nunca termina bien. **Dios nos llama a ser guiados por su Palabra que es mucho más consistente y segura.** Eso nos conecta con una hermosa verdad bíblica:

«Hijo mío, PRESTA ATENCIÓN a lo que te digo.

ESCUCHA ATENTAMENTE mis palabras.

NO LAS PIERDAS DE VISTA.

Déjalas llegar hasta lo PROFUNDO DE TU CORAZÓN,

pues traen vida a quienes las encuentran
y dan salud a todo el cuerpo.
Sobre todas las cosas CUIDA TU CORAZÓN,
porque ÉSTE DETERMINA EL RUMBO DE TU VIDA»
(Proverbios 4.20–23 NTV, énfasis añadido).

Es importante que notes el énfasis que presenta el Señor en este pasaje:

- Escuchar atentamente (oídos).
- No perderlas de vista (ojos).
- Dejarlas / guardarlas muy bien (corazón).

Guardar tu corazón implica todas esas prácticas y por eso hay y habrá una batalla por tu **atención;** porque desde ella se derivará su **aplicación,** rumbo y destino de tu vida. Esa es la razón por la que nos abocaremos a trabajar por 21 días (que repetirás tres veces, es decir, le darás tres vueltas al libro) a nivel del corazón porque Dios dice que eso determina todo en la vida.

Si no te gusta el estado de tu vida hoy, Dios no nos deja a la deriva y dependiendo de soluciones temporales. Él está comprometido con su creación y nos dirige, no solo a subsistir, sino que envió a Jesús para que pudiéramos gozar de una vida abundante.

Dios nos diseñó con dos elementos receptores «oídos y ojos» que son clave en el proceso y la vida. **Gran parte de la batalla con la depresión y la ansiedad es justamente porque lo que vemos y oímos nos empieza a gobernar y dirigir.** Por eso es clave que haya un nuevo Rey en tu vida, quien dirigirá tu atención y vida hacia una nueva dirección.

Si aún no te has rendido a ese rey o la evidencia de tu vida comunica que vives bajo el reino de ti mismo o del mundo (sin importar cuanto tiempo lleves en la iglesia), es momento, antes de seguir leyendo, de determinar si CCRREes. Sí, leíste bien, se trata del acróstico con que enseñamos a la gente los 5 elementos básicos del evangelio:

Creación y Caída: Somos seres creados por Dios, pero le hemos dado la espalda, menospreciado y hasta anulado en nuestra vida, decidiendo vivir por y para nosotros mismos o lo creado (Gn 1; Jn 1).

Crucifixión: Esa ofensa tan grande contra Dios tenía como sentencia la muerte ineludible para todo ser humano. Pero el amor de Dios por ti es tan grande, que envió a Jesús a vivir la vida que no podríamos vivir solos y morir la muerte que todos merecíamos para pagar el rescate de nuestra alma y reconciliarnos con Él mismo (Jn 3:16; Ro 5:8).

Resurrección: Jesús venció a la muerte y resucitó de entre los muertos. Él venció a uno de los cuatro principales temores actuales: Jesús venció a la muerte. Ahora puedes vivir sabiendo que el fin de todo problema no es la muerte física, sino que el principio vital es poner nuestra vida en las manos de Jesucristo, quien es la Vida (Jn 14:6).

Respuesta en arrepentimiento: Cualquier persona de la religión popular en los países hispanos está de acuerdo hasta el punto anterior, pero nosotros entendemos que la realidad de la resurrección y la victoria sobre la muerte empieza a ser real y activa en la vida de la persona cuando nos arrepentimos. Estoy hablando de dar vuelta en U a nuestra vida, dejando de vivir guiados por nosotros y para nosotros o el mundo. Una persona arrepentida decide vivir por y para Dios. Entonces y solo entonces, la paz con Dios y el perdón y libertad empiezan a ser reales en la vida del que cree (Hch 3:19).

Eternidad en su presencia con la confianza de que estamos en paz: No solo la vida hoy empieza realmente a ser transformada, sino que, debido a mi nueva identidad, puedo tener la certeza de que mi vida eterna continúa al morir, pero ahora viviendo cara a cara con mi amado Dios por siempre, en gozo y reposo. Eso es justamente lo que empezamos a probar aquí que es opuesto a la depresión y ansiedad.

Dios está cercano a ti y en ti si lo CCRE*es* porque «El Señor está cerca de todos los que le invocan, de **todos los que le invocan en verdad**» (Sal 145:18, énfasis añadido). Si hasta hoy no lo creías y vivías, pero hoy quieres rendirte a Jesús, el amoroso Rey y Redentor, quien está permitiendo todo lo que estás pasando para que le conozcas y le ames, experimentando su salvación, sanidad y eterno gozo y reposo, entonces, permíteme guiarte en una oración para pedirle a Dios el perdón de tus pecados y que tome su lugar como Rey y Redentor en tu vida:

«Señor, creo y empiezo a entender. Hoy te pido me perdones por la tremenda ofensa de no considerarte y darte la espalda viviendo por y para mí, guiado por todo, menos por ti. Hoy me rindo ante ti; creo que Jesús es el camino, la verdad y la vida, esa vida que necesito, ya que entiendo que la que tengo hoy no lo es y no me quiero resignar a que así sea siempre. Creo que Jesús murió en mi lugar en la cruz, pero hoy vive y me ofrece paz contigo. Por lo que te ruego, sálvame, dame un nuevo corazón que te ame, se comprometa contigo y te siga.

En el nombre de Jesús, mi Salvador, ayúdame, toma tu lugar como Rey en mi corazón. Amén».

Dios oyó tu oración y ahora eres parte de su familia si en verdad y con corazón sincero hiciste esta oración. El resto de estos 21 días (x3) será una jornada para conocerle y, por ende, conocerte en Él, para que enfrentes tu batalla y descubras en un futuro en el que mires hacia atrás y entiendas porqué Dios permitió que caminaras por ese desierto que has estado atravesando.

La TÁCTICA y las 5 Cs son clave. Este no es un libro solo para leer, sino para andar y muy especialmente, para aplicar en toda tu vida.

Día 1

Una dolorosa pero efectiva invitación

«*Amados hermanos, pensamos que tienen que estar al tanto de las* **dificultades que hemos atravesado** *en la provincia de Asia.* *Fuimos* **oprimidos y agobiados más allá de nuestra capacidad** *de aguantar y hasta pensamos que no saldríamos con vida.* De hecho, ESPERÁBAMOS MORIR; PERO, COMO RESULTADO, DEJAMOS DE CONFIAR EN NOSOTROS MISMOS Y APRENDIMOS A CONFIAR SÓLO EN DIOS, *quien resucita a los muertos.* **Efectivamente él nos rescató del peligro mortal y volverá** **a hacerlo de nuevo.** *Hemos depositado nuestra confianza en Dios, y él seguirá rescatándonos.* (2 Co 1:8-10 NTV, énfasis añadido).*

———————

Era un poco más de medianoche cuando recibí un mensaje de un matrimonio amado de la iglesia. Ella había tenido una crisis muy fuerte y había caído incluso en pensamientos y conversaciones suicidas. Llamaremos a esta pareja Pepe y Mary. Ella había llegado al punto

DIOS EN MIS DESIERTOS Y TORMENTAS

de haber considerado pagarle a un sicario para que la matara porque, en sus propias palabras, «no tengo el valor de hacerlo yo misma». Esa clase de crisis era regular en su vida, pero ese día la voz del enemigo parecía tener un volumen y una presión más alto de lo normal. Ella ama a Dios, pero dentro del proceso registró pensamientos como estos:

- Soy la misma de siempre, no he cambiado.
- No puedo controlar mis deseos carnales.
- Estoy sola, el Señor se ha ido de mi vida.
- No hay esperanza para mí.
- La muerte sería el fin de mi sufrimiento.
- Mi familia no me necesita (estarían mejor sin mí).
- La historia se va a repetir.

Dios me guió a hacer preguntas que sirvieron para ampliar la visión de su realidad y hacerle ver que su identidad no estaba en lo que ese día había sufrido o caído; había sido solo una recaída anímica. Mary reconoció con sinceridad que la última vez que se mantuvo muy cerca de Dios había sido tres días antes de su crisis. Yo le dije: «lo que para ti es tu peor momento, a los ojos de Dios es una amorosa invitación. Dios te ama con un celo tan profundo (Stg 4:5) que te muestra que bastan

72 horas sin pasar tiempo íntimo e intencional con Él para que nos entreguemos a nuestra propia voluntad, rumbo y deseos engañosos; eso es mortalmente tóxico. Le reafirmé, «Dios no te ha dejado; por el contrario, te quiere más cerca y por eso no te dejó seguir por más tiempo creyendo que "no necesitas a Dios cada día"».

Fue fascinante ver el cambio en los rostros de Mary y Pepe. Pocas horas después de condenarse y perder toda esperanza, Mary veía de pronto propósito incluso en su caída. Un propósito de amor. Ella es una mujer piadosa, ambos están muy comprometidos en el servicio de la iglesia. Pero todos sabemos lo que es «acomodarse» y pasar de uno, dos o tres días a semanas y luego muchos meses sin esa intimidad, ese fuego de verdad que nos apasiona con Dios en lo privado.

Hay una batalla por ese tiempo a solas con Dios. Estamos en un mundo lleno de distractores y una agenda que pareciera estar diseñada para «no tener tiempo para lo esencial al sacrificarlo en el altar de lo urgente». La prisa, el ritmo favorito de la idolatría, es el principal enemigo de un alma saludable.

Pablo le dijo a los corintios que había pasado por grandes dificultades, hasta el punto de temer por su propia vida. Esto confirma que en este mundo sin duda atravesaremos dificultades y seremos oprimidos y agobiados más allá de nuestras capacidades, de modo tal que la muerte es una posibilidad cercana. ¿Sabes? ¡Eso es algo bueno! No solo eso, sino que es lo mejor que nos puede pasar. Como veremos mañana... en Cristo hay un resultado glorioso para esa dificultad.

Pocas semanas después de su crisis, Mary parecía literalmente otra mujer, con propósito y esperanza, aún en batalla, pero con un rumbo claro y tomando responsabilidad. Jesús advirtió claramente en una de las palabras más citadas por los cristianos y, a su vez, una de las más olvidadas que «separados de Mí nada pueden hacer» (Jn 15:5). Empieza a guardar esto: si Satanás no te puede destruir, entonces va a intentar distraerte. Al final del día, él logra su objetivo cuando mueve tu atención de Dios. El resto solo será un daño colateral natural.

Por ahora, tu primer TÁCTICA de este proceso es:

TEMA. Registra los cinco principales pensamientos que parecen gobernarte en el desierto depresivo o ataque de ansiedad que estés sufriendo:

1._____

2._____

3._____

4._____

5._____

ATESORA.

*«Amados hermanos, pensamos que tienen que estar al tanto de las **dificultades que hemos atravesado** en la provincia de Asia. Fuimos **oprimidos y agobiados más allá de nuestra capacidad de aguantar y hasta pensamos que no saldríamos con vida**»* (2 Co 1:8 NTV, énfasis añadido).

CORRIGE. Si lo esencial es la intimidad con Dios y que Dios usará dificultades (opresión y agobio) para invitarnos a permanecer en Él y/o confiar más en Él, entonces ¿cómo se ve hoy esta intimidad y cómo se vería funcionalmente corregida en tu vida? Pídele a Dios un corazón inclinado a Él y que no solo lo desee, sino que le busque conforme a su dignidad y grandeza.

TRANSCRIBE. Escribe en tus palabras 2 Corintios 1:8

_____

_____

_____

INTEGRA. Escribe de 3 a 5 diferencias entre la intimidad que tienes con Dios y la que consideras que Él te está llamando a tener con Él hoy. Si no sabes cómo hacerlo o cómo buscar a Dios en lo privado, pídele a tu pastor o consejero que te enseñe al respecto. En el canal de Youtube *Horizonte Cristo es mejor* busca *Arde con Dios*, donde enseñamos algunos ejercicios para empezar la lectura de tu Biblia.[6]

Antes	Ahora
1.	1.
2.	2.
3.	3.
4.	4.
5.	5.

CONFÍA. Activa siete alarmas en tu día que te recuerden leer (si es posible que lo escuches) 2 Corintios 1:8-10 NTV. Esto es clave en el proceso de renovación de nuestra mente y es lo que la Biblia denomina «meditación».

---

[6] https://www.youtube.com/c/HorizonteCristoesmejor

Activa. Escribe de tres a cinco ocasiones difíciles de opresión o agobio en que recordaste la porción bíblica que estás meditando y te llenaste de ánimo al saber que Dios está haciendo algo contigo en medio de la dificultad.

1. _____
2. _____
3. _____
4. _____
5. _____

Finalmente, ora usando este mismo texto o diciéndolo con tus propias palabras:

Dios, voy entendiendo que lo que necesito es a ti y hoy eso es más real que nunca. Perdóname por buscar la solución en otros lados y concédeme un corazón que pueda desearte, buscarte y encontrarte. Creo lo que tu Palabra dice: «Los que conocen tu nombre confían en ti, porque tú, oh Señor, no abandonas a los que te buscan» (Sal 9:10). Lo Creo y quiero conocerte y buscarte de modo que pueda comprobar tus promesas y experimentarte en verdad. Ayúdame, te lo pido en el poderoso nombre de Jesús, Amén.

El resultado correcto de las dificultades

«Amados hermanos, pensamos que tienen que estar al tanto de las **dificultades que hemos atravesado** *en la provincia de Asia. Fuimos* **oprimidos y agobiados más allá de nuestra capacidad de aguantar y hasta pensamos que no saldríamos con vida.**

De hecho, ESPERÁBAMOS MORIR; PERO, *COMO RESULTADO,* DEJAMOS DE CONFIAR EN NOSOTROS MISMOS Y APRENDIMOS A CONFIAR SÓLO EN DIOS, *quien resucita a los muertos.*

Efectivamente él nos rescató del peligro mortal y volverá a hacerlo de nuevo. *Hemos depositado nuestra confianza en Dios, y él seguirá rescatándonos.»*
(2 Co 1:8-10 NTV, énfasis añadido).

———————

«Incluso he pensado que mi familia estaría mejor sin mi», expresó Pepe, después de narrar lo frustrante que ha sido su vida y cómo se encontraba tan lejos de lo que él visualizaba que sería su vida en términos personales, familiares, financieros e incluso en términos espirituales.

«Incluso consideré un seguro de vida, y así mi muerte bendeciría a mi familia y los sacaría de los problemas en los que nos metí. Pero descubrí después que las pólizas no cubren muerte por suicidio», dijo con el dolor reflejado en su rostro, una expresión que comunicaba claramente el estancamiento miserable en el que se encontraba.

Ese tipo de conversaciones son comunes cuando hablas con hombres que ya se resignaron a su condición. La desesperanza podría ser la etiqueta con la que definimos su estilo de vida. Pero diez de cada diez sesiones de consejería que tengo con personas como Pepe, me confirman que lo que hay en el fondo es un corazón frustrado porque las cosas «no están HOY como yo quisiera». Incluso cristianos nominales que dicen seguir a Jesús, pero funcionalmente quieren que Jesús les siga a ellos y les bendiga conforme a sus peticiones, relaciones, proyectos e iniciativas, aunque a la luz de la verdad, es evidente que muchos de sus deseos están en contra de la voluntad de Dios.

Los pastores también llegamos a pensar que el *«burnout»*[7], uno de los desiertos que experimentamos, viene como pago por tener un estilo de vida en el que Dios expone nuestra debilidad, lo mucho que lo necesitamos y que debemos obedecerle al hacerle caso en todo. Por ejemplo, si no honramos el reposo y no nos dedicamos a reposar un día a la semana (detenernos con el propósito de adorar al descansar y disfrutar del reposo), si olvidamos que no nos caracterizamos por lo que hacemos para Dios, sino que debemos descansar en lo que Él es para nosotros, entonces es muy posible que Dios «meta freno» a nuestras vidas y envíe un tema que «nos obligue» a parar, reflexionar, arrepentirnos y corregirnos en Él. Ese freno puede ocurrir en nuestro propio cuerpo al no poder seguir por alguna enfermedad, una pérdida o dificultad a nivel matrimonial o familiar, incluso en el área ministerial, que nos «obliga» a parar.

En el pasaje bíblico introductorio de este día, leemos como Pablo le contaba a la iglesia de Corinto de las dificultades que sufrió y del resultado que obtuvo en Cristo de esas dificultades:

---

[7] Quedar «tronado» o quemado» en español coloquial. Me estoy refiriendo al agotamiento extremo causado por estrés emocional, físico, mental o espiritual prolongado y abrumante.

- Dejamos de confiar en nosotros mismos.
- Aprendimos a confiar en Dios (quien resucita a los muertos).

¿Pablo no confiaba en Dios? Claro que sí, pero Dios nos diseñó para Él y nuestra autoconfianza, en oposición a lo que el mundo dice, es nuestra mayor amenaza. Dios permitirá lo que sea necesario en nuestras propias circunstancias para que le conozcamos, confiemos y permanezcamos más y más en Él (Jn 15:5).

Dios usaría un salmo de David para confirmarnos desde la antigüedad que siempre nos hará la misma invitación que debemos considerar:

«Yo *te haré saber y te enseñaré el camino en que debes andar*; te aconsejaré con mis ojos puestos en ti.

No seas como el caballo o como el mulo, que no tienen entendimiento; cuyos arreos incluyen brida y freno para sujetarlos, porque si no, *no se acercan a ti*.

MUCHOS SON LOS DOLORES DEL IMPÍO, PERO AL QUE CONFÍA EN EL SEÑOR, LA MISERICORDIA LO RODEARÁ»
(Salmo 32:8-10 LBLA, énfasis añadido).

Dios promete dirigirnos a todo lo que nos acerque más a Él. Cuando confiamos en el Señor, Él nos rodea con su favor, incluso en medio de dolores y dificultades. Pero el fin de esas circunstancias dolorosas será acercarnos a Él. Sin importar el desierto en el que estés, haz memoria de quién es Dios y persevera en confiar en el Señor. Créeme, Dios tiene una temporada de mucho fruto cuando salgas del desierto, cuando fortalezcas la intimidad con Dios que esta situación difícil te está llamando a tener con Él.

Sin embargo, hay un riesgo que no quisiera pasar por alto porque lo he visto muchas veces. Los que ya hemos pasado por el desierto, la depresión y la dificultad, tendemos a volvernos cómodos y alejarnos del Señor porque nos creemos autosuficientes. Debes huir de esa tentación y buscar intimidad con el Señor como prioridad y Dios usará todo lo que sea necesario para enseñarnos esa lección tan importante.

Lo que Pablo aprendió durante esa tormenta casi mortal es a confiar solo en Dios. Mi oración es que tú y yo lo aprendamos también porque ese es el propósito final de Dios para nosotros.

TÁCTICA 2

TEMA. La intimidad con Dios es prioridad y el Señor permitirá todo lo necesario para que la vivas, incluidas las tormentas y los desiertos para llevarnos a confiar solamente en Él.

ATESORA.

> «*De hecho, ESPERÁBAMOS MORIR; PERO, COMO RESULTADO, DEJAMOS DE CONFIAR EN NOSOTROS MISMOS Y APRENDIMOS A CONFIAR SÓLO EN DIOS, quien resucita a los muertos*»
> (2 Co 1:9 NTV, énfasis añadido).

CORRIGE. ¿Qué cosas cambiarían ahora que sabes que Dios usa todo para acercarte más a Él?

1. _____

2. _____

3. _____

TRANSCRIBE. Escribe en tus propias palabras 2 Cor. 1:9 (quizás poniendo tu historia en lugar de la de Pablo).

_____

_____

_____

INTEGRA. ¿Qué tres cosas serán diferentes a partir de hoy porque sabes que Dios te está invitando a estar más cerca de Él?

1. _____

2. _____

3. _____

CONFÍA. Activa de cinco a siete alarmas que durante el día te recuerden la porción que atesoraste hoy.

ACTIVACIÓN. Al final del día registra tres aplicaciones de lo que estás aprendiendo y viviendo/ejercitando con Dios.

1. _____

2. _____

3. _____

Día 3

Un rescate diario y eterno

«Amados hermanos, pensamos que tienen que estar al tanto de las
***dificultades que hemos atravesado** en la provincia de Asia. Fui-*
mos oprimidos y agobiados más allá de nuestra capacidad de
aguantar y hasta pensamos que no saldríamos con vida.
*De hecho, esperábamos morir, pero, **como resultado**, dejamos de*
confiar en nosotros mismos y aprendimos a confiar sólo en Dios,
quien resucita a los muertos.
EFECTIVAMENTE ÉL NOS RESCATÓ DEL PELIGRO MORTAL Y VOLVERÁ A
HACERLO DE NUEVO. HEMOS DEPOSITADO NUESTRA CONFIANZA EN
DIOS, Y ÉL SEGUIRÁ RESCATÁNDONOS.»
(2 Co 1:8-10 NTV, énfasis añadido).

———————

Una de las preguntas más comunes que hacen las personas que están pasando por situaciones, temporadas,
crisis o pérdidas dolorosas es, «¿Cómo es posible que
un Dios bueno permita que nos pase esto?». Pero tu

peor momento no está en las circunstancias que puedas estar viviendo en estos momentos. Tu peor momento fue cuando eras enemigo de y ajeno a Dios, pero Él te amó y salvó. Por eso te pregunto, ¿qué te hace pensar que hoy que ya eres su hijo, Él te va a abandonar?

Podemos tomar un video del Job de la Biblia porque su historia puede responder esa pregunta que muchos hacen (comentaremos de ello en los próximos días). Pero esa tormenta casi mortal que Pablo sufrió y cuenta en su segunda carta a los corintios no enseña, sino que, mejor dicho, nos **recuerda** algo a quienes ya conocemos a Dios:

Dios fue, es y será nuestro rescate eterno.

Dios hizo posible en Cristo el rescate de nuestra alma y nos dio una nueva identidad.[8] Al final, cuando Él decida llamarnos a su presencia, nosotros experimentaremos el rescate eterno al estar para siempre con Él en su presencia. Mientras tanto, una de las características de nuestro Dios es RESCATAR. Pablo nos contó eso en la porción que estamos viendo estos 3 días: «...

---

[8] Ver «Una nueva vida, de Cristo en adelante», cap. 1-3.

él nos rescató del peligro mortal, y volverá a hacerlo de nuevo».

En otra de sus cartas, nos hablaría de nuevo del mismo tema, pero ahora de un rescate muchísimo más grande:

*«Pues **él nos rescató del reino de la oscuridad y nos trasladó al reino de su Hijo amado**, quien compró nuestra libertad y perdonó nuestros pecados»* (Col 1:13-14 NTV, énfasis añadido).

Nuestro problema más grande y cuya resolución era imposible en nuestras fuerzas era la condición de perdición eterna de nuestra alma sin Dios y Él intervino para salvarnos y rescatarnos. Por eso les pregunto:

¿Quién nos engañó para ver y creer que nuestro temporal problema, o difícil temporada, es demasiado grande para que Su amor nos rescate de nuevo?

Lo que Pablo contó no es solo su experiencia; esa es la forma consistente con la que Él nos rescata, incluyéndome a mí. Mi anhelo es que tú también puedas contar también de tu rescate a otros. Esa es la esperanza por la que estamos caminando juntos por estos 63 días: Dios con nosotros (Emanuel/Jesús).

Nuestro Padre dejaría a su hijo sufrir en la cruz sin posibilidad de rescate, para que tú y yo, cuando pongamos nuestra esperanza y habitemos en su Hijo Jesús, no vivamos ni un solo día más de nuestra vida sin haber sido rescatados. David profetizó este sufrimiento:

> «¿*Éste es el que confía en el* Señor?
> *Entonces ¡que el* Señor *lo salve!*
> *Si el* Señor *lo ama tanto,*
> *¡que el* Señor *lo rescate!»*
> (Salmo 22:8 NTV).

Estas palabras fueron citadas delante de Jesús cuando estaba siendo crucificado (Mt 27:47), para que se cumpliera ese salmo mesiánico. Tú y yo sabemos que era necesario que Jesús fuera dejado solo en ese momento para que nosotros jamás estuviéramos solos de nuevo.[9]

---

[9] Hablaremos de eso más adelante, ya que la soledad es un visitante frecuente en el corazón del que cruza desiertos depresivos o ataques de ansiedad.

Pablo hablaría en otra de sus cartas de los terribles momentos del presente, el «combo» que en ese mundo caído nos toca caminar y que nos hace anhelar el porvenir, no pueden separarnos del amor de Dios:

¿Acaso hay ALGO QUE PUEDA SEPARARNOS DEL AMOR DE CRISTO? ¿Será que él ya no nos ama si TENEMOS PROBLEMAS O AFLICCIONES, si somos perseguidos o pasamos hambre o ESTAMOS EN LA MISERIA O EN PELIGRO O BAJO AMENAZA de muerte? (Como dicen las Escrituras: «Por tu causa nos matan cada día; nos tratan como a ovejas en el matadero»). CLARO QUE NO, A PESAR DE TODAS ESTAS COSAS, NUESTRA VICTORIA ES ABSOLUTA POR MEDIO DE CRISTO, QUIEN NOS AMÓ.

*Y estoy convencido de que NADA PODRÁ JAMÁS SEPARARNOS DEL AMOR DE DIOS. Ni la muerte ni la vida, ni ángeles ni demonios, **ni nuestros temores de hoy ni nuestras preocupaciones de mañana.** Ni siquiera los poderes del infierno pueden separarnos del amor de Dios. Ningún poder en las alturas ni en las profundidades, de hecho, **nada en toda la creación podrá jamás separarnos del amor de Dios, que está revelado en Cristo Jesús nuestro Señor.** (Ro 8:35-39 NTV,* énfasis añadido).

¡Esto es impresionante! Dios no te ama menos que cuando estabas pleno y sin problemas, que ahora que estás enfrentando tu temporada más difícil. Su amor nunca está en duda o en riesgo. Una parte del problema con la depresión y la ansiedad es que **vemos las cosas a través del filtro del dolor o del miedo,** en lugar del filtro del amor de Dios. Por eso los dolores o amenazas temporales lucen más grandes que nuestro Dios. Pero eso es una mentira porque Dios se ha mostrado amorosamente grande a lo largo de toda la Biblia para con los suyos. Incluso vemos a Dios tejiendo todo para un bien mayor cuando los suyos están pasando por sus peores momentos.

El rescate de Dios en Cristo empezará a tomar posesión de tu corazón cuando conozcas hoy (lo que es para ti, como lo ha sido para mí y lo anhelo para otros) y recuerdes las múltiples evidencias de Dios en el pasado, que nos dan una esperanza segura de que Dios, tal como Pablo lo dijo al afirmar que, «seguirá rescatándonos».

Déjame decirte algo que sé que no te gustará en este día 3. Esta será la primera prueba por la que tendrás que atravesar en este libro cuando tengas que decidir si lo vas a dejar porque no te digo lo que quieres oír o perseverarás en la lectura porque te has dado cuenta de que Dios quiere enseñarte algo con este proceso que estamos emprendiendo. Así que ahí te va:

La escuela de Dios tiene un ritmo distinto al que el mundo tanto busca. Yo incluso recuerdo haber buscado una universidad que me diera la posibilidad de terminar los estudios rápido (¿recuerdas lo que te dije de la prisa?), pero el ritmo de la educación de Dios no anda en prisas o atajos, sino que va despacio. Dios es un artista que no se apresura para completar la obra maestra que nos dice que somos para Él (Ef 2). Despacito es el ritmo de Dios para desarrollar sus procesos en los seres humanos. Algunos ejemplos bíblicos de muestra:

- Varios años de construcción para un arca.
- Varios años en prisión para José.
- 400 años en Egipto.
- 40 años en el desierto.
- 3 reinados que marcaron la historia (Saúl, David y Salomón).
- Israel tuvo 19 reyes y Judá tuvo 20 reyes, experimentando exilios y restauración.
- Entre Malaquías y Mateo hubo 400 años de «silencio».

¡Entonces vino Jesús!

El ritmo de Dios para que conozcamos su persona y la fidelidad a su pacto es muy distinto a la velocidad a la que este mundo nos ha malacostumbrado. En una cultura en donde los niños ya sufren de algo que no tardará en llamarse TAC (t rastorno de aburrimiento crónico), porque al mundo le encanta poner etiquetas de trastornos y enfermedades a cosas que son simples consecuencias de nuestras necedades. Vivimos en un mundo donde hasta adelantamos los créditos de la película para ver de inmediato los *after-credits*; donde amamos el microondas por lo rápido que hace las cosas, cancelamos viajes de Uber porque el carro no está a menos de 3 minutos de recogernos y Amazon nos ha consentido tanto entregándonos lo que ordenamos en la puerta de nuestra casa en 24 horas (es posible que leas esto en 2030 y será tan *vintage* porque tus órdenes llegarán en 30 minutos, como la pizza de estos tiempos en los que escribo). Lo que quiero mostrar con todos estos ejemplos es que hemos perdido el valor de saber esperar.

No vemos que el ritmo del amor de Dios es lento, tranquilo y sin prisa. Tú nunca verás a Jesús con prisa en los evangelios. Por ejemplo, su amigo Lázaro está enfermo, le notifican a Jesús y él deja pasar unos días antes de empezar su recorrido para ir a ver a su amigo que, para cuando arriba, ya había muerto (Jn 11). Dios dice a su pueblo en Deuteronomio:

> «*Todos los mandamientos que yo te ordeno hoy, tendrán cuidado de ponerlos por obra, a fin de que vivan y se multipliquen, y entren y tomen posesión de la tierra que el* SEÑOR *juró dar a sus padres.*
>
> Y TE ACORDARÁS DE TODO EL CAMINO POR DONDE EL SEÑOR TU DIOS TE HA TRAÍDO POR EL DESIERTO DURANTE ESTOS CUARENTA AÑOS, PARA HUMILLARTE, PROBÁNDOTE, A FIN DE SABER LO QUE HABÍA EN TU CORAZÓN, SI GUARDARÍAS O NO SUS MANDAMIENTOS.
>
> *Él te humilló, y te dejó tener hambre, y te alimentó con el maná que tú no conocías, ni tus padres habían conocido, para hacerte entender que el hombre no solo vive de pan, sino que vive de todo lo que procede de la boca del Señor*» (Deuteronomio (8:1-3 NBLA, énfasis añadido).

Cuatro décadas de prueba para que supiéramos lo que hay en el corazón, para ver si habríamos de atender y hacer lo que nos dice o no. ¡¡Cuarenta años!! Yo anhelo no ser tan terco como los hebreos en Éxodo, aunque tengo que reconocer con vergüenza que me parezco más a ellos de lo que me gustaría aceptar.

El saber que Miguel Ángel se tardó cuatro años en el desarrollo de la famosa Capilla Sixtina nos comunica que un artista dedica el tiempo necesario para que el resultado final de su obra luzca tal como la diseñó. Deberíamos sentirnos muy honrados de que el mejor artista, aquel que hizo los cielos y la tierra y todo lo que hay en ella en siete días (descansando un día), esté dedicando más tiempo a completar su obra en nosotros. Por eso debemos dejar al artesano y guardián de nuestra alma que haga todo lo necesario para que luzcamos conforme a su diseño: la imagen de Jesús.

Créeme, al final valdrá la pena el tiempo transcurrido. Cuando tomas tu lugar en sus manos habrá descanso para el alma porque sabes que Dios está haciendo algo bueno en tu vida aun en medio de las circunstancias difíciles que estés viviendo. Aunque ahora no lo veo o entiendo, confío en Sus promesas y sé que el resultado será para mi beneficio y para su gloria.

Los Salmos 118 y 136 son cantos que el pueblo de Dios cantaba de forma periódica para recordar, al expresar verbalmente (como tú lo estás haciendo todos los días), lo que Dios es, dice y ha hecho a su favor. Lo que más se repite en ambos salmos es:[10]

---

[10] Depende de la versión de la Biblia que estés usando.

/ Su fiel amor perdura para siempre /
/ Porque para siempre es su misericordia /
/ Él nunca deja de amarnos. /

Hoy será un día para que empieces a predicarle a tu corazón.

TÁCTICA 3

TEMA. Dios ha sido, es y seguirá siendo mi rescate.

ATESORA. Dios nos rescató realmente del peligro mortal y volverá a hacerlo de nuevo. Hemos depositado nuestra confianza en Dios y Él seguirá rescatándonos.

CORRIGE. Una buena parte del problema es que luzca más grande, porque eso manifiesta que hemos perdido de vista a nuestro Dios, quien es infinitamente más grande. Por eso necesitamos corregir el filtro que estamos usando para ver las cosas.

TRANSCRIBE. Esta transcripción será especial. Vas a tomar el Salmo 118 y lo vas a transcribir en tus propias palabras y, en lugar de los problemas citados en el texto, pondrás los tuyos sobre aquellos en los que Dios se ha mostrado bueno, paciente, y poderoso para salvar en el pasado. Enviarás la transcripción a tu pastor o consejero.

_____

_____

_____

INTEGRA. Escribe tres cosas que cambiarían en tu vida si tu Dios fuera más grande que tus problemas (dolor o amenazas).

1. _____

2. _____

3. _____

CONFÍA. Activa de cinco a siete alarmas para que leas en voz alta, por lo menos para ti, la transcripción que hiciste del Salmo 118 (ya aprobada por tu pastor/consejero).

APLICACIÓN. Registra de tres a cinco cambios concretos que tuviste en tu día después de llenar tu meditación con lo grande que es Dios y con la seguridad de que Él es tu rescate.

1. _____

2. _____

3. _____

4. _____

5. _____

El dolor puede indicar que algo no está bien

«Mientras me negué a confesar mi pecado,
mi cuerpo se consumió,
y gemía todo el día.
Día y noche tu mano de disciplina pesaba sobre mí;
mi fuerza se evaporó como agua al calor del verano.
Finalmente te confesé todos mis pecados
y ya no intenté ocultar mi culpa.
Me dije: "Le confesaré mis rebeliones al Señor",
¡y tú me perdonaste! Toda mi culpa desapareció»
(Salmo 32:3-5 NTV).

«Las cosas no salieron como yo esperaba y tuve otro ataque
de pánico, que me llevó a tomar decisiones equivocadas.
Ya no encuentro una salida y estoy lleno de vergüenza con
mi familia y mis hijos...; sé que cometí muchos errores...
...es difícil ya lidiar así en la vida y estoy ya muy cansado
y solo».

Lo que acabas de leer es parte de una carta de «despedida» de un hombre que pensaba quitarse la vida. Lo llamaremos Pepe. Este hombre comunica con sus palabras mucho de los sentimientos y perspectivas de la vida que tiene el que sufre de depresión y ataques de pánico:

- Frustración (debido a expectativas no cumplidas).
- Incapacidad.
- Miedo.
- Falta de descanso / paz.
- Desesperanza («ya no encuentro salida»).
- Culpa y remordimiento.
- Vergüenza.
- Desgaste / cansancio.
- Soledad.

Pepe no es creyente y escribió la carta en junio de 2020. Él no sabía que el famoso rey David sufrió una temporada similar en su vida hace unos 3,000 años atrás. Él expresó su dolor a través de un cántico en el que podemos observar algunas emociones comunes que experimentan los que pasan por tales momentos de dificultad:

- Desgaste («mi cuerpo se consumió»).
- Constante angustia («gemir todo el día»).
- Constante sensación de que las cosas están en mi contra («día y noche tu mano de disciplina pesaba sobre mí»).
- Sin fuerzas («mi fuerza se evaporó»).
- Culpa («confesaré mis rebeliones»).

David experimentaba todas esas emociones como síntomas del pecado múltiple de adulterio, homicidio y muchos otros que se suscitaron producto de su desobediencia, que tiempo atrás había cometido (2 S 11). El tiempo había pasado y podría parecer que David había logrado salirse con la suya y «ocultar» sus hechos vergonzosos.

Sin embargo, Dios enviaría al profeta Natán para exhortar y hacerle ver a David que Dios no solo conocía de su pecado, sino que no pasaría por alto su ofensa. Él había menospreciado Su Palabra al actuar con negligencia, dejarse llevar por sus pasiones, cometer adulterio, mentir, mandar asesinar y hacer pecar a sus subordinados (2 S 12).

David había pecado grandemente contra Dios y su prójimo, su corazón se había endurecido, pero al ser confrontado, su respuesta es imitable porque dice de inmediato, «He pecado contra el SEÑOR» (2 S 12:13). Se piensa que David compuso el Salmo 32 como resultado del perdón que recibió del Señor. Este cántico es el testimonio elocuente de lo que experimenta alguien que ha sido perdonado por Dios. Las palabras iniciales de David muestran la alegría renovada que David experimenta:

> «¡Oh, *qué alegría para aquellos*
> *a quienes se les perdona la desobediencia,*
> *a quienes se les cubre su pecado!*
> *Sí, ¡qué alegría para aquellos*
> *a quienes el Señor les borró la culpa de su cuenta,*
> *los que llevan una vida de total transparencia!*»
> (Salmo 32:1-2 NTV, énfasis mío).

La única manera de llevar una vida de total transparencia es cuando ya no tienes nada que esconder. Solo se podrá vivir así cuando ya has traído toda tu vida a la luz, te has arrepentido y has recibido el perdón que solo Dios da. Este justamente fue el consejo de Pedro ante una multitud que le preguntaba qué hacer después de escuchar el evangelio:

«*Por tanto, arrepiéntanse y conviértanse, para que sus pecados sean borrados.* Entonces de la presencia del SE-ÑOR vendrán tiempos de refrigerio...» (Hch 3:19 NTV).

Hay un alivio en el alma que se extiende por toda la vida de la persona que ha experimentado el perdón de Dios. El problema es que ese alivio muchos intentan buscarlo en fuentes equivocadas, temporales y engañosas que tienen efectos secundarios mortales o dañinos. El verdadero alivio solo se encuentra en una fuente:

Jesús.

J. I. Packer, quien se nos adelantó con el Señor en 2020, solía decir algo que yo parafraseé para mi alma con estas palabras:

La adopción es el mayor privilegio que el evangelio ofrece, estar en buenos términos con Dios es algo maravilloso, pero ser amado y cuidado por Dios como Papá, es algo demasiado espectacular.

Sé que muchos han tenido una relación con su papá algo disfuncional, pero déjame decirte que ese hueco en la vida, solo se llenará por completo cuando conoces a Dios como Papá. Él no está esperando una oportunidad para castigarte. Aunque Él sabe todo de nosotros, igual nos sigue invitando de vuelta a casa... a Él.

El maestro de sabiduría nos dice, «El que se aleja de su hogar es como el ave que se aleja de su nido» (Pr 27:8). Lo que esa ilustración representa es que lejos del hogar uno no encuentra descanso ni protección; andamos cansados, desanimados y hasta ansiosos. Por eso es que justamente Moisés escribe desde el desierto y nos recuerda,

> *«Señor, a lo largo de todas las generaciones,*
> ¡TÚ HAS SIDO NUESTRO HOGAR!*»* (Sal 90:1, énfasis mío).

Otras versiones traducen «hogar» como «refugio». Dios concederá que los hogares «piratas» que nos levantamos, relaciones sentimentales, familiares, amistades, dinero y posiciones, sexo fuera del modelo de Dios, viajes, compras, entretenimiento y todo lo que establecemos como falsos refugios nos fallen, para solo así hacernos ver que estamos hechos para un hogar más especial y eterno:

Dios.

Irónicamente lo que hace el pecado paga con muerte (Ro 6:23) y es, irónicamente, justo lo que hace al separarnos y alejarnos. La muerte misma se entiende como separación. Como consecuencia de esa muerte es que somos expuestos a todo lo que nos daña por haber menospreciado a Dios.

El profeta Natán cuando exhortó a David de parte de Dios para hacerle ver su pecado le muestra a David lo que pasó, empezando con una pregunta que muestra el corazón detrás de la acción:

«*¿Por qué has despreciado la palabra del Señor haciendo lo malo ante Sus ojos?*» (2 S 12:9a).

Antes de siquiera mencionar a Urías, su esposa y la traición contra su propio ejército, Natán pone en la mesa la raíz del problema: David había **despreciado la Palabra de Dios.** Sus malas acciones solo eran una consecuencia natural de esa primera decisión.

Para bien de David, **él** NO SE JUSTIFICÓ, NO MINIMIZÓ SU OFENSA, NO ENCONTRÓ CULPABLES CON QUIEN COMPARTIR SU RESPONSABILIDAD; como ya vimos, él confesó: «He pecado contra el SEÑOR» (2 S 12:13). Podríamos decir que se trata de una foto majestuosa de lo que nos enseña el arrepentimiento de un hombre conforme al corazón de Dios. Luego de su arrepentimiento y confesión, en el momento recibe la respuesta de nuestro Padre porque cuando David, **con la convicción correcta, hace la confesión necesaria,** recibe estas palabras llenas de esperanza:

«*El Señor ha quitado tu pecado; no morirás*»
(2 S 12:13b).

El hijo que esperaba moriría poco después de nacer porque ciertamente la paga del pecado es la muerte. Dios es justo y lo que Urías sufrió fue demasiado vil y necesitaba saldarse esa cuenta, vida por vida. De seguro te estarás preguntando si lo que le pasó a David significa que podría ser posible que perdamos un hijo como consecuencia por nuestro pecado. No, la gloria del evangelio, las buenas noticias que hemos recibido del Señor es que YA UN HIJO MURIÓ PARA SALDAR ESA DEUDA DE MUERTE QUE MERECÍAMOS para que podamos habitar en la alegría de quienes hemos sido perdonados por Dios y nuestro pecado ha sido cubierto y pagado por completo.

Por el amor que nuestro Padre nos tiene envió a Su propio Hijo y lo abandonó por un instante en la cruz, donde murió la muerte que merecíamos morir y dijo las palabras que marcarían el resto de la historia para muchos de nosotros y para ti si has puesto tu vida en Sus manos:[11]

«¡Todo está cumplido!»
(Jn 19:30).

Entonces es cierto que el dolor, el desánimo, la constante desesperanza y el desgaste del alma pueden ser indicadores de que es tiempo de pedir a Dios en humildad lo que David también expuso en uno de sus salmos:

*«**Examíname**, oh Dios, y conoce mi corazón;*
pruébame y conoce los pensamientos que me inquietan.
Señálame cualquier cosa en mí que te ofenda
***y guíame por el camino de la vida eterna**»*
(Sal 139:123-24 NTV, énfasis mío).

Podrían pasar días de orar usando estas palabras, incluso de pedir ayuda con una actitud humilde a quienes más te conocen y quizás vean algo que tú no ves en tu vida (así como Natán fue enviado de parte de

---

[11] «Una nueva vida, de Cristo en Adelante» ya te guió en entender por qué la necesitamos y cómo confiar en Dios para salvación.

Dios) y te ayudan a ver lo que Dios conoce y los temas que hay que atender. Si Dios no te muestra un pecado que debas confesar arrepentido en todo ese proceso, entonces, tranquilo, tu desierto o ataque no es consecuencia del pecado, sino quizás solo se trate de una prueba para mostrar tu corazón y traerte más cerca y profundo a Dios.

TÁCTICA 4

TEMA. El dolor puede ser usado por Dios para mostrarme que algo no está bien o sano en mi andar y en mi alma.

ATESORA.

> *«¡Oh, qué alegría para aquellos*
> *a quienes se les perdona la desobediencia,*
> *a quienes se les cubre su pecado!*
> *Sí, ¡qué alegría para aquellos*
> *a quienes el Señor les borró la culpa de su cuenta,*
> *los que llevan una vida de total transparencia!»*
> (Salmo 32:1-2 NTV).

CORRIGE. Al pedir a Dios que te examine y te muestre si hay algo en tu vida que le ofende, sé sensible a Su

Espíritu Santo, a Su Palabra y confiesa arrepentido lo que Él te expone (Sal 139).

RECUERDA.

A. Hay un alivio profundo que es experimentado por los que ya hemos sido perdonados y la culpa ha sido borrada de nuestra cuenta.

B. Si Dios no te condena, no te condenes tú mismo. No seas arrogante al poner tu opinión y sentirte por encima de Dios.

C. Convierte ese lamento y desgaste producto del peso de tu pecado del que ahora has sido liberado, en alegría y descanso.

D. ¡Advertencia! Satanás y el mundo seguirán bombardeando con misiles recogidos de tu pasado y de tus fallas. No quieren que seas libre y subirán el número de distracciones para mantener tu mirada en lo que eras. No seas simple, sino entendido, y súbele al volumen a la voz que Salva, la de Dios en Su Palabra.

TRANSCRIBE. Escribe en tus palabras Salmo 32:1-5. Puede ser útil que escribas los pecados u ofensas que Dios te ha de perdonar en Cristo. Procura destacar el v. 5

en donde se afirma el regalo de que toda tu culpa ha desaparecido en Cristo. Enviarás la transcripción a tus pastor o consejero.

_____

_____

_____

INTEGRA. ¿Qué tres cosas cambiarían en tu vida si vivieras libre de culpa y en total transparencia delante de Dios y de otros?

1. _____

2. _____

3. _____

CONFÍA. Activa de 5 a 7 alarmas que te recuerden leer en voz audible, por lo menos para ti, la transcripción que hiciste (aprobada ya por tu pastor/consejero).

ACTIVA. Registra de tres a cinco cambios concretos que tuviste en tu día al llenar tu meditación y descubriste que eres amado y perdonado por Dios que sabe todo de ti y aun así sigue contigo.

EL DOLOR PUEDE INDICAR QUE ALGO NO ESTÁ BIEN

1. _____

2. _____

3. _____

4. _____

5. _____

Día 5

Si hubieras estado aquí...

«Y Marta dijo a Jesús: "Señor, si hubieras estado aquí,
mi hermano no habría muerto.
"Aun ahora, yo sé que todo lo que pidas a Dios,
Dios Te lo concederá".
"Tu hermano resucitará", le dijo Jesús»
(Jn. 11:21-23 NBLA).

———————

Si estás leyendo este libro es porque has pasado por temporadas en que lo que veías o experimentabas no tenía sentido o propósito; lo que sufrías o sufres en estos momentos no logras vincularlo con algo que lo amerite. Podría tratarse de la pérdida de una persona que a nuestros ojos se nos fue antes de tiempo y eso no logra acomodarse en nuestra realidad y plan. Esto es aun más notable en «tiempos COVID» como los que vivimos mientras escribo este libro, donde literalmente concordamos con amigos pastores en que hay semanas que parecieran temporadas de guerra porque cada día tenemos que consolar a alguien que perdió a un ser amado por complicaciones derivadas del virus.

Pero todo lo anterior no solo tiene que ver con circunstancias pandémicas mundiales, sino también con eventos particulares, personales y hasta íntimos como:

- Traición o adulterio.
- La muerte de alguien amado.
- El despido injustificado luego de años de compromiso y fiel labor.
- El diagnóstico que te anuncia la mortal enfermedad que sufres.
- La llamada a medianoche con el reporte del accidente en la que un amado esta grave.
- La puerta cerrada para el sueño que tenías.
- El amigo al que cobijaste y que sin más te paga con mal al bien que le diste.
- El proyecto al que le invertiste todo, quemando tus naves, hoy está fracasando y las cuentas no dan más.

Todos esos eventos producen no solo un dolor anímico, sino que, incluso puede ser físico, como un dolor en el corazón. Eso ocurrió en mi vida cuando tenía

21 años y entendí por primera vez la razón por la que
Dios me decía:

*«Sobre todas las cosas guarda tu corazón,
porque éste determina el rumbo de tu vida»*
(Pr 4:23).

Pareciera que todo cayó de repente. Una ruptura
sentimental con traición incluida y el proyecto que
amaba estaba en caída libre, lo cual produjo, literalmente, un dolor físico en mi corazón. Luego se habrían
de sumar más dificultades en el ministerio, heridas,
traiciones, el diagnóstico adverso de personas importantes en mi vida o de sus pequeños a quienes aman.
Sumemos a eso el estar en varios funerales de personas
amadas y de amados de mis amados.

Mientras experimento todo esto, de pronto la conversación de Marta, o, mejor dicho, su reproche, parece
que me lo escucho repetir a mí mismo múltiples veces:

«Señor, SI HUBIERAS ESTADO AQUÍ...»

Juan nos entrega detalles especiales de la relación
que tenía Jesús con esta tercia de hermanos (Jn 11). Vi-
vían en Betania, cerca de Jerusalén. María había ungido

los pies del Señor con perfume, en una de las imágenes más maravillosas de gracia que los evangelios nos regalan. Ella sería una de las primeras personas que adorarían a Jesús por quien era en realidad, teniendo ella un pasado vergonzoso, conocido y condenado incluso por los líderes religiosos del momento (Luc. 7:39). Marta, siempre hospitalaria y afanada por tener todo listo para atender a Jesús y sus invitados; y Lázaro, el hermano de ambas, de quien sabemos poco, pero es más que suficiente para saber lo que Jesús sentía por él:

«Señor, el que Tú amas está enfermo»
(Jn. 11:3 NBLA).

¡Guau! Qué currículum el de Lázaro al ser AMADO POR JESÚS MISMO. Si consideras que Jesús se hospedaba en la casa de estos hermanos al pasar por Betania porque se sentía cómodo en su casa, eso nos habla del nivel de confianza que había entre el Rey y estos hermanos. Hay casas en las que yo, como pastor, estoy muy a gusto porque cuando, voy me siento como si estuviera en familia. Hace poco bromeábamos con una familia amiga mientras decíamos que el nivel de confianza está máximo cuando ya sales de la habitación al comedor en calcetines y chanclas. Bueno ese tipo de cariño y confianza había entre estos hermanos y Jesús.

Pero cierto día, sin esperarlo, la enfermedad llegó a la puerta y a la vida de esta casa. Lázaro debía estar muy grave porque sus hermanas no usarían de la confianza que tenían con Jesús para hacerlo llamar, sabiendo lo ocupado que estaba con las cosas del Reino de Dios en la tierra. Jesús recibió el mensaje y de inmediato anunció el propósito de esta enfermedad:

> «*Esta enfermedad no es para muerte, sino para la gloria de Dios, para que el Hijo de Dios sea GLORIFICADO POR MEDIO DE ELLA*» (Jn. 11:4, énfasis mío).

Juan es muy específico en decir que Jesús AMABA a estos hermanos (Jn 11:5). Esto nos lleva las tres primeras lecciones que debemos recordar en este día:

1. El dolor no es solo consecuencia del pecado, el dolor puede ser usado por Dios.
2. Podemos esperar aflicciones porque es parte de este mundo caído.[12] Jesús fue muy claro al respecto:

---

[12] Para más claridad al respecto recuerda el cap. 1 y 2 de «Una nueva vida, de Cristo en adelante».

«Estas cosas les he hablado para que en Mí tengan paz. EN EL MUNDO TIENEN TRIBULACIÓN; pero confíen, Yo he vencido al mundo» (Jn. 16:33, énfasis mío).

Jesús no promete la ausencia de problemas y circunstancias difíciles en nuestras vidas. Él nos promete Su presencia cuando estemos en medio de ellos y Su victoria atribuida a nosotros por la fe en Él.[13]

3. Hay situaciones que son permitidas para aquellos a quienes Jesús ama, como también oportunidades para que Él sea glorificado POR MEDIO de ellas. Algunas veces creer en Dios en los deleites es igual de complicado que creer en Dios en medio de los dolores.

La parábola del sembrador nos enseña que ambos (deleites y dolores) son usados para exponer nuestra actitud al recibir la Palabra:

«Las semillas que cayeron entre piedras representan a los que reciben el mensaje con alegría. Pero, como no lo entienden

---

[13] Revisa tus notas de «Una nueva vida, de Cristo en adelante», para recordar cómo luce confiar en Dios.

*bien, en **cuanto tienen problemas dejan de confiar en Dios**. Las semillas que cayeron entre espinos representan a los que oyen el mensaje, pero no dejan que el mensaje cambie sus vidas, pues **viven preocupados por tener más dinero y por divertirse***» (Lc 8:12-14 TLA, énfasis mío).

El problema en el caso de las hermanas de Lázaro era el dolor de haber perdido a su hermano, lo que las tenía desconsoladas. Jesús no fue en su ayuda de inmediato, aún esperaría para ir a verles (Jn 11:6), lo que nos muestra una lección adicional de esta porción:

4. Dios podría estar preparando algo más grande de lo que esperas. Lo que debes hacer es confiar porque sabemos que sus tiempos son mejores. Al llegar Jesús, Lázaro ya había muerto, y Jesús le dice a Marta, su hermana: «Yo soy la resurrección y la vida; el que cree en Mí, aunque muera, vivirá, y todo el que vive y cree en Mí, no morirá jamás. ¿Crees esto?» (Jn 11:25-26).

¿Crees esto? ¿Confías en Él? La circunstancia dolorosa es solo una oportunidad para exponer en dónde o en quién está la confianza de nuestro corazón. Mi oración es que, sin importar el dolor que temporalmente aquí experimentemos, podamos decir como Marta:

> *«Sí, Señor; yo he creído que Tú eres el Cristo [el Mesías], el Hijo de Dios, o sea, el que viene al mundo»* (Jn 11:27b).

Oro para que podamos escuchar a Dios en medio de nuestra duda e incertidumbre por lo que estamos enfrentando y pongamos nuestra confianza en Aquel a quien conocemos. También es parte de mi oración que seamos desafiados por la pregunta de Jesús: «¿No te dije que si crees, verás la gloria de Dios?» (Jn 11:40). Dios nos hizo para Su gloria y John Piper lo diría de manera brillante:

> *«Dios es más glorificado en nosotros,*
> *cuando nosotros estamos más satisfechos en Él».*

Cuando seamos sacudidos, la fe sobrenatural al confiar en Jesús será la que nos recuerde su Palabra. A pesar de que lo que vemos no nos satisface ni nos complace, hemos decidido no volver atrás y nos aferramos con fuerza al único que puede, promete y se especializa en convertir momentos dolorosos en destinos gloriosos.

Llevo 28 años desde que conocí acerca de Dios. De todos ellos, son realmente 17 los que tengo en una relación verdadera con el Señor. Celebro la gracia de Dios mientras escribo este libro al concederme 10 años de ministerio pastoral. He sido tremendamente bendecido con hombres a quienes considero hermanos mayores, mentores e incluso padres en la fe, todos ellos con más kilometraje y experiencia que yo en Cristo. Ellos concuerdan en que la vida en Cristo es mejor verla de atrás para adelante.

Hay situaciones que hoy enfrentas y será insoportable ese período si se quiere descifrar el futuro y saber cómo «saldrás de esta», porque Dios acostumbra intervenir en nuestros planes para recordarnos que los Suyos son mejores y eternos. Sin embargo, si miras hacia atrás, el enemigo te quiere robar a través de esas voces que te susurran que no vale la pena seguir, que nada va a cambiar o mejorar, que mejor te quites la vida, que tu familia incluso estaría mejor si no estuvieras y muchos pensamientos oscuros más; uno se da cuenta, al igual que José al final de sus años, cuando les dijo a sus hermanos con respecto a todo el sufrimiento que había experimentado en el pasado:

«Ustedes pensaron hacerme mal, pero Dios lo cambió en bien para que sucediera como vemos hoy, y se preservara la vida de mucha gente» (Gn 50:20, énfasis mío).

Por lo tanto, no te rindas... créeme, la Biblia está llena de historias y nosotros somos extensión de estas porque muestran que nuestro Dios no hace nada por accidente, todo lo tiene presupuestado para su plan de gloria que es mejor y mayor.

TÁCTICA 5 (esta la haré contigo)

Tema. Dios se especializa en convertir momentos dolorosos, en destinos gloriosos.

Atesora.

«Ustedes pensaron hacerme mal, pero __Dios lo cambió en bien__ para que sucediera como vemos hoy, y se preservara la vida de mucha gente» (Gn 50:20, énfasis mío).

«Jesús le dijo: "¿No te dije que si crees, verás la gloria de Dios?» (Jn 11:40).

CORRIGE. Es posible que tengamos momentos en los que la confusión parece gobernar nuestra vida ante lo que nos pasa o vemos a nuestro alrededor. Pero la confusión no es un lugar habitable por los hijos de Dios.

Amo que Jesús no corrige, grita, regaña o agarra a bibliazos a Marta y María. Tenemos un Rey compasivo y misericordioso. David y Job, entre muchos otros, nos enseñan que puedes ir a Él con tu corazón cargado y derramarlo ante Su presencia, incluso quejarte, pero no se detuvieron allí... esperaron Su respuesta, porque al responder, Su voz (Palabra) es lo que finalmente trae esperanza al alma.

Por lo tanto, esta semana busca corregir esa perspectiva incorrecta que te hace pensar que no puedes tener confianza para mostrarle a Dios todo lo que sientes. Es posible que pienses eso, pero no es lo que dice el Señor. Hebreos nos enseña que por Cristo tenemos acceso a Su trono de gracia, entonces aprovecha ese acceso. Derrama tu corazón y disponte en humildad para recibir respuesta. Recuerda:

El silencio de Dios no significa su ausencia

Dios es tan poderoso y misericordioso que usa los silencios para formarnos y darse a conocer de un modo que es exactamente lo que nuestra alma necesita hoy.

TRANSCRIBE. Escribe en tus palabras Gn 50:20. Enviarás la transcripción a tus pastor o consejero.

_____

_____

_____

INTEGRA. Registra de 1 a 3 cosas que hoy estés enfrentando y que no tienen sentido para ti. Cuando Dios te muestre el propósito de lo que pasó, mirarás esta lista y será un motivo de gozo para ti. Esto te permitirá recordar con asombro como Él siempre estuvo allí y tuvo razón.

1. _____
2. _____
3. _____

CONFÍA. Activa de 5 a 7 alarmas que te recuerden leer en voz audible, por lo menos para ti, la transcripción que hiciste (aprobada ya por tu pastor/consejero).

ACTIVA. Registra 3 cambios concretos que experimentaste el día que llenaste tu meditación de la confianza en Dios que promete que habrá un bien mayor al dolor que hoy experimentas si es que perseveras en Cristo.

1. _____

2. _____

3. _____

Persevera, No Te Rindas, Dios no se ha rendido contigo

«"Simón, Simón, Satanás ha pedido zarandear a cada uno de ustedes como si fueran trigo; pero yo he rogado en oración por ti, Simón, para que tu fe no falle, de modo que cuando te arrepientas y vuelvas a mí fortalezcas a tus hermanos"».
(Lc 22:31-32 NTV, énfasis mío).

«¿Todavía puedes sentir tu propio pulso? Si tu respuesta es afirmativa, entonces eso significa que todavía Dios no ha acabado tu historia». Eso fue lo que le dije a un muchacho que acababa de estropear una relación y expuso una adicción a la pornografía, por lo que estaba devastado ante la pérdida y el dolor que su pecado le había propinado al alcanzarlo. Podría sonar irónico, pero esa fue la misma pregunta que le hice algunos días después a una mujer que había descubierto a su esposo con hábitos ocultos y conversaciones que en nada honraban a Dios ni tampoco a ella como esposa.

Lo que Jesús nos enseña es que, ya sea por pecado ajeno o por pecado propio, dentro de su plan existirán momentos en que se pondrán a prueba no solo nuestra fe, sino también nuestra perseverancia en el camino de la vida.

La porción de Lucas que empezaste leyendo hoy nos regala una imagen de Pedro en la que podemos etiquetarnos todos. Simón, a quien tú y yo conoceríamos como Pedro, había llegado a ser, por gracia, parte del círculo íntimo de discípulos de Jesús. Él llegó a ser testigo de milagros, siendo usado incluso para algunos de ellos, pero Jesús le advirtió que venía un ataque al que llamaría «sacudida». Esto es algo que también puede pasarte a ti y a mí.

En tiempos de Jesús se sacudía el trigo al viento para que cayera la paja del grano, pequeñas piedras y elementos ajenos al trigo. El propósito era que quedara solo lo de valor. Bueno, Pedro no lo sabía en ese momento, pero iba a cometer una de las más grandes traiciones contra Jesús, comparable solo con la de Judas (quizás Judas fue más astuto porque, por lo menos, él cobró por entregar a Jesús. Pedro, en cambio, lo traicionó y negó gratuitamente).

La diferencia entre ambos es que Judas parece que no entendió nunca el mensaje y menos a la persona con la que andaba. Pedro, por su parte, tuvo ese desayuno con Jesús en el que el Señor le prometió que no solo sería restaurado, sino confirmado en su llamado. Él haría en el futuro justo lo que en ese momento le había dicho Jesús que pasaría: edificaría a sus hermanos.

Es bastante irónico pensar que quien más bajo cayó fue el primero de los apóstoles que Dios usara para predicar el primero y uno de los sermones evangelísticos más fructíferos en la historia de la iglesia registrada en Hechos de los Apóstoles. Esto me lleva a decirte que es posible que hayas caído, es verdad que fallaste, fuiste sacudido y quedaste muy golpeado, pero ¿sabes?, Jesús ya lo sabía. Jesús nos enseña 5 aspectos clave que debemos considerar (Lc 22:31-32):

1. Serás sacudido para quitar de ti todo lo que no es de valor y para así formar la imagen de Jesús en ti, es decir, restaurarte.

2. Caerás y será doloroso (creo que ya lo comprobaste, ¿cierto?).

3. Si tienes confianza en Jesús, tu fe no fallará (Jesús mismo está pidiendo eso por nosotros).

4. Al arrepentirte/volver a Jesús, Él no te condena, sino que te perdona.

5. Fortalece/edifica/afirma a tus hermanos.

Dios está haciendo de tu vida un ejemplo para que otros puedan ver Su poder y amor obrando en tu historia y para Su gloria. Ese también fue el caso de Pablo, otro experto en pasados «imperdonables» y batallas internas. Esto le dijo a Su discípulo Timoteo y, por consiguiente, también a nosotros:

*«Pero Dios tuvo misericordia de mí, **para que Cristo Jesús me usara como principal ejemplo de su gran paciencia con aun los peores pecadores. De esa manera, otros se darán cuenta de que también pueden creer en él y recibir la vida eterna.***

¡Qué todo el honor y toda la gloria sean para Dios por siempre y para siempre! Él es el Rey eterno, el invisible que nunca muere; solamente él es Dios. Amén» (1 Ti 1:16-17 NTV, énfasis mío).

Pablo entendió claramente que su vida era un ejemplo para otros, pero no por sus méritos o capacidades, sino porque en su vida se podía observar con claridad el obrar y la misericordia de Dios. De la misma manera, todo tu pasado, presente y futuro están dentro del plan de Dios, que es más grande de lo que veas hoy. El desierto que hoy cruzas o los ataques que padeces son solo temporales; Dios será glorificado si perseveras y replicas a Jesús en no rendirte. Jesucristo mismo no se rindió con Pedro, ni conmigo y no lo hará tampoco contigo; créele a Dios porque del otro lado del desierto hay un lugar donde no solo lo que pasó encaja claramente en la persona que Dios te está convirtiendo, sino que puedes ser usado por Dios para traer Palabra de vida, ánimo, esperanza y paz a personas que han de caminar por lo mismo que tú ya has caminado con Él. Pablo le recordaría esa misma verdad a los corintios:

«*Nosotros sufrimos mucho, así como Cristo sufrió. **Pero también, por medio de él, Dios nos consuela. Sufrimos para que ustedes puedan ser consolados** y reciban la salvación. **Dios nos ayuda para que nosotros podamos consolarlos a ustedes.** Así ustedes podrán soportar con paciencia las dificultades y sufrimientos que también nosotros afrontamos. Confiamos mucho en ustedes y sabemos que, si ahora sufren, también Dios los consolará*» (2 Co 1:5-7 TLA, énfasis mío).

Si ya tienes una historia con Dios, mira hacia atrás y ve cómo Dios ha usado los sufrimientos y las batallas pasadas para formarte y quizás también ayudar a otros. Bueno, la materia a cursar no cambia, pero tampoco la fidelidad y plan eterno de nuestro buen Dios.

Si recién estás dando tus primeros pasos con Dios, escribe y registra todo lo que sientes y vas aprendiendo. Así como Pedro, Pablo y los demás apóstoles sirvieron a más, hoy te quiero servir a ti para que juntos podamos ayudar y ser equipados para amar, consolar y aconsejar en Cristo a quienes Dios traerá en su momento a nuestra vida. Cuando eso pase podremos ver con un poco más de claridad que lo que Dios está haciendo y el dolor o cansancio que hoy podemos sentir, no se compara con la gloria que experimentaremos si perseveramos hasta el final.

TÁCTICA 6

TEMA. Dios no ha terminado Su historia en tu vida. Mientras tengas pulso, ¡Hay esperanza!

ATESORA.

> «*"Simón, Simón, Satanás ha pedido zarandear a cada uno de ustedes como si fueran trigo; pero yo he rogado en oración por ti, Simón, para que tu fe no falle, de modo que cuando te arrepientas y vuelvas a mí fortalezcas a tus hermanos"*». (Lc 22:31-32 NTV).

CORRIGE. Haz memoria de la forma en que las batallas y ataques pasados han sido usados por Dios para formar a la persona que eres hoy. Ten confianza en que nada de lo que estás sufriendo es un despropósito en las manos de Dios.

¿Cómo cambiaría tu actitud y modo de reaccionar ante lo que pasa si tuvieras la certeza de que estás en un proceso en el que Dios está haciendo algo que luego usará para Su gloria y para bendecir a otros?

La historia no ha acabado.

TRANSCRIBE. Escribe en tus palabras Lc 22:31-32. Enviarás la transcripción a tu pastor o consejero.

_____

_____

_____

INTEGRA. Registra de 1 a 3 cosas con las que hoy reaccionarás o convertirás en acciones sabiendo que Dios está contigo y no se ha rendido, está comprometido con Su plan en tu vida, para Su gloria y para tu bien.

1. _____

2. _____

3. _____

Confía. Activa de 5 a 7 alarmas que te recuerden leer en voz audible, por lo menos para ti, la transcripción que hiciste (aprobada ya por tu pastor/consejero).

Activa. Registra 3 de las cosas que escribiste para integrar que pusiste en práctica hoy (con hora y descripción).

1. _____
2. _____
3. _____

Llevamos 6 días reflexionando juntos y ya llevas casi desarrollado 1/3 del proceso. Se trata de una batalla en la que no puedes distraerte.

¡No te rindas ni postergues!

Día 7

«Aprendes a parar y honrar a Dios con el reposo o Dios te parará para que aprendas a honrarlo»[14]

«También les di Mis días de reposo por señal entre ellos y Yo, para que supieran que Yo soy el SEÑOR, el que los santifica. Pero la casa de Israel se rebeló contra Mí en el desierto; no anduvieron en Mis estatutos y desecharon Mis decretos, por los cuales el hombre que los cumple vivirá, y Mis días de reposo profanaron en gran manera. Entonces decidí derramar Mi furor sobre ellos en el desierto, para exterminarlos».

(Ez 20:12-13 NBLA).

Dios usaría a Elías para entregarnos múltiples enseñanzas, entre ellas que podemos ser más vulnerables después de nuestro momento público más importante

---

[14] Lección al pastor Vance Pitman luego de que su cuerpo colapsara por años de un ritmo «imparable» y despertara un día sin la capacidad de moverse.

(1 R 18-19), pero también aprendemos de la forma en que Dios, como consejero, trata con alguien que está huyendo y está teniendo incluso pensamientos suicidas (1 R 19:4). Parte del proceso de volvernos a encontrar con el Señor involucra elementos que parecerían obvios, pero tendemos a descuidarlos producto de la forma frenética en que muchos vivimos. Descuidamos aspectos tan necesarios para la vida y la salud como la alimentación y el descanso.

Dios mediante, quisiera escribir en el futuro de temas referentes a la comida y cómo cuidar el corazón es más importante que cuidar las calorías en ese tema, pero hoy cumples 7 días desde que empezaste y quisiera destacar un tema que muchos descuidan, hasta que Dios nos demuestra que siempre tuvo la razón y nos concede dársela al reconocer que Su diseño es perfecto. Recuerdas que en «Una nueva vida de Cristo en adelante» hablábamos de esa fórmula:

Dios dice - la creación responde/confía/obedece - todo termina siendo bueno (Basado en Gn 1).

Pues uno de los elementos que descubrí por medio de dos importantes influencias en mi vida es que debo priorizar el **descanso**. Vivimos en un mundo que pareciera promover la prisa como virtud, ser *multitask* (multitarea) como un valioso activo y el estar siempre ocupado como sinónimo de ser productivo. Sin embargo, la evidencia negativa de una vida así ha demostrado que el diseño de Dios no se equivocó al ordenarnos que honráramos un día para el REPOSO.

Lo sé, tú estás queriendo ya brincarte este día o crees que voy a judaizarte (cosa que no haría, ya que parte de nuestro rol como gentiles redimidos es producir celos al judío con la intimidad y deleite que tenemos en Dios, por medio de Jesús). Pero no, espera un momento porque voy a hablarte de cómo Dios me enseñó que el reposo no es una sugerencia, sino una instrucción con un propósito tan claro que cuando lo transgredes, finalmente vendrán las consecuencias.

Pasé una de las pruebas físicas y espirituales más duras de los últimos años el 2019. Mis cuerdas vocales estaban afectadas y se temía que perdiera la voz. Un amigo describiría su preocupación por mí diciendo que sería como si un escultor tuviera el riesgo de perder sus manos. Por primera vez estaba en riesgo de no solo perder mi voz, sino que, por la naturaleza de mi llamado, podría perder un elemento esencial para el ejercicio del ministerio mismo.

Me había desgarrado las cuerdas vocales debido a que no paraba de predicar y enseñar. Nadie me había hablado de los cuidados que debíamos tener los que, después sabría, somos llamados «profesionales de la voz» (cantantes, maestros, actores, políticos, ministros de culto/pastores y oficios similares). Cuando la cámara arrojó la imagen de mis cuerdas vocales totalmente desgarradas, lo primero que me dijo la doctora es:

«Deber dejar de hablar 4 semanas».

Para alguien que es realmente introvertido y un tanto ermitaño y que no disfruta mucho eso de andar hablando, esa orden de la doctora parecía hasta disfrutable. Sin embargo, mi parte activa y espiritual que respondía al llamado que había recibido de Dios encontró esas semanas por venir como tiempos de desiertos profundos, batallas privadas y muchos cuestionamientos importantes, sobre todo orden de cosas en mi vida. Dios me estaba poniendo en pausa en el exterior porque quería tratar conmigo en el interior.

Dios habría de proveer de manera sobrenatural en medio de mi debilidad, no solo Su presencia que es lo que el alma necesita, no solo milagrosamente los recursos necesarios para la cirugía y posterior rehabilitación, sino también el regalo que se sumara de parte de Dios a mi vida, quien se volvería no solo un amigo, sino un mentor, el pastor Vance Pitman.

Recuerdo las palabras que me dijo y que activarían la instalación del reposo como una disciplina valiosa en mi vida:

> *«Tranquilo Kike, tómalo con calma, honra el proceso de descanso y recuperación, considera que unos meses de reposo de tu voz ahora, pueden ser determinantes para los años que te esperan en el ministerio».*

Siempre me ha encantado su perspectiva: «no estoy ocupado en el Kike de aquí a tres años, sino en el Kike que termina bien su carrera con gozo».

Él me contó su propia historia con el descanso. Después de unos años intensos de ministerio, plantación de la iglesia y una actividad «imparable», un lunes despertó y su cuerpo simplemente no respondía. No podía moverse, su esposa tuvo que llamar al médico, quien en esencia le dijo que su cuerpo había colapsado. Por eso me dijo: «Kike, si no aprendes a parar por Dios, Dios te parará para Él».

Pero Vance no solo fue usado por Dios para destacar la importancia del reposo, sino que, sobre todo, el

Señor lo usó para evitar lo que hoy se le llama «*burnout*»[15] o como lo traduje al español «estar tronado», en referencia a un desgarre muscular donde sencillamente el tejido ya no da más y necesita parar para recuperarse. Recuerdo claramente que durante el mes de octubre de ese año, uno de los mejores y más generosos líderes que conozco nos invitó a mi esposa y a mí a un retiro de pastores, todos ellos con ministerios «exitosos». Puede sonar curioso, pero el tema en boca de todos era el reposo, el sabático y honrar el descanso.

Esos temas eran muy extraños para mí porque México ha sido muy impactado por misioneros americanos que modelaron nuestra cultura cristiana de «darlo todo para el ministerio»; incluso muchos de ellos a costa de su salud, hijos y más. Eso me llevó a que, durante una sesión de preguntas y respuestas, pidiera la palabra luego de que Johnny Hunt nos hablara de la depresión/*burnout* que sufrió años atrás: una dolencia por la que incluso tuvo que acudir a profesionales del tema para analizar y empezar a regular varias cosas en su vida, tanto internas como externas. Yo pregunté a modo de comentario:

---

[15] Burnout se traduce como agotamiento o fatiga extrema.

«Se me hace muy raro como mexicano, al que le consta la cultura de trabajo del ministro americano, ahora escucharles hablar de la importancia del descanso, sabáticos y reposo, cuando yo he escuchado a pastores decir: ¿descansar? ¿Para qué descansar? Ya descansaré en el cielo».

Johnny, con esa sonrisa sabia que le caracteriza, me contestó: «Si hubieras entrado a mi Facebook hace ocho años, hubieras encontrado esa frase-clave de mi presentación personal y ministerial: "¿Descansar? ¿Para qué descansar? Ya descansaré en el cielo". Pero ¿sabes quién nos enseñó eso?». Yo creo que mi cara de ignorancia se hubiera podido traducir en varios idiomas en ese momento. Él continuó: «Charles Spurgeon; lo que nadie nos dice es lo mucho que batalló con profundas batallas con la depresión. Incluso hubo domingos que no podía ni ir a la iglesia. Él escribía su sermón y un diácono o siervo fiel debía leerlo delante de la congregación. Spurgeon batalló con la depresión y el desánimo por largas temporadas, incluso por muchos años; su esposa tampoco quería ir a congregarse».

No me malinterpretes, soy fan de Spurgeon y junto con Susie, su esposa, son parte del salón de la fama de la fe, pero al igual que muchos siervos del Señor, Spurgeon pasó por esos períodos de profunda debilidad porque no se nos ha enseñado a priorizar el descanso como una práctica que permite mantener la salud del alma.

Dios no creó el descanso en el séptimo día, lo modeló para nosotros, no porque Él necesitara descansar, sino porque nos diseñó para descansar en medio de Su creación. Incluso te darás cuenta de que el descanso es una parte muy citada de la experiencia con Dios debajo del sol y del tiempo por venir (Sal 23; Is 30:15; Mt 11:28-29). Incluso Job declara que el cúmulo de las dificultades pueden robar la paz, la tranquilidad y el descanso:

> *«No tengo paz ni tranquilidad;*
> *no tengo descanso;*
> *solo me vienen dificultades»*
> (Job 3:26).

Pero no solo lo dice la Biblia. Ya el mundo ha gastado mucho dinero en darle la razón a Dios y ha confirmado la importancia del descanso. Investigaciones de grandes universidades de negocios han confirmado que cuando altos ejecutivos se desconectan un día de su actividad regular, suelen tener un aumento significativo en su rendimiento, por encima de los que trabajan 24/7. Incluso una investigación de *time off* (tiempo libre)[16] reveló que los empleados cuyas compañías promovían elementos de descanso como vacaciones, eran 68% más felices que los empleados en donde o las vacaciones eran mal vistas o los gerentes no enfatizaban la importancia del descanso entre sus subalternos.

Me he dado cuenta de que 9 de cada 10 casos que recibo para consejería con temas de ansiedad, ataques de pánico e incluso depresión, se deben a que no tienen un hábito saludable de descanso. Incluso no duermen las horas necesarias dentro de la rutina diaria y les es casi imposible desconectarse un día de su actividad regular.

La investigación que acabo de mencionar comprobó que entre las principales razones por las que los empleados no tomaban vacaciones estaban:

- El miedo: tienen tanta «carga» de trabajo que nadie puede hace lo que ellos hacen a ese nivel, por lo que algo malo puede pasar. Les preocupa perderse algo importante del proyecto en el que están trabajando o faltar a una junta clave. Temen volverse no indispensables. Incluso temen no tener el dinero para pagar unas vacaciones, entonces ¿para qué planearlas?

---

[16] The society of human resources management (www.shrm.org)

- La culpa: les da remordimiento que el equipo no sepa qué hacer en su ausencia, incluso sienten que si descansan están pecando de alguna forma porque «deberían» estar haciendo algo.

A este tipo de personas nadie les enseñó a descansar, diría Lance Witt; es decir, el arte de no hacer nada. Desde el punto de vista bíblico, nadie les enseñó que el reposo es una expresión de adoración a Dios y un tiempo para «descargar» actualizaciones a tu vida que no podrías considerar en medio de las ocupaciones diarias.

Si compraste o te compraron este libro es porque te estás equipando para ayudar a personas que están pasando por temporadas de depresión o ataques de ansiedad, o porque eres tú quien las está sufriendo. Por lo tanto, considera la posibilidad de que **Dios esté mandando una pausa a tu vida en muchas áreas para que consideres aspectos de ti mismo que, de otro modo, no considerarías.**

Voy a dejar que el Señor mismo te lo diga de la mejor manera posible:

«*También les di **mis días de reposo por señal** entre ellos y Yo, para que **supieran que Yo soy el** Señor, *el que los san-*

tifica. Pero la casa de Israel se rebeló contra Mí... y mis días de reposo profanaron en gran manera...» (Ez 20:12-13, énfasis mío).

Dios hacía referencia a que llegarían incluso derrotas y cautiverios para su pueblo por cuanto, entre otras cosas, no honraba su reposo. Es bastante interesante pensar que Dios enviaría derrotas, incluso cautiverios, para recordarles la señal que había puesto entre su pueblo y Él para declarar que **Dios es el Señor**. Si pones atención, el miedo y la culpa son las dos causas por las que la gente no descansa. Estos aspectos tienen que ver con ídolos de control o de aceptación, con los que las personas, lo quieran o no, se resisten a rendirse y descansar reconociendo que su sostén, identidad, valor, provisión y esperanza, no está en lo que ellos hacen, sino en lo que son para un Dios que se ha mostrado poderoso, provisor y fiel, incluso cuando no hacíamos aún nada para Él.

Los fariseos, producto de su legalismo extremo, convirtieron el día de reposo en algo que ya no era una señal para recordar que Dios es Dios. Jesús mostró que el día que más le gustaba hacer milagros era el día de reposo, comunicando así al pueblo que Dios puede hacer más en un día de lo que ellos pueden hacer en toda su vida.

He tenido el enorme privilegio de aconsejar desde amas de casa hasta altos empresarios de compañías con operaciones internacionales, pasando por pastores de iglesias pequeñas y líderes de ministerios súper activos y aparentemente fructíferos. El común denominador entre ese grupo tan diverso es que, cuando viene la ansiedad, el miedo o «truenan»-(*burnout*), se debe a que no saben (la mayoría por falta de enseñanza) adorar al Señor a través del «arte de no hacer nada», descansando y disfrutando de Aquel que es poderoso para «sostener todo con el gran poder de su palabra» (He 1:3).

Jesús le hablaría a la ansiosa y preocupada Marta que se quejaba de que su hermana no le ayudaba, por lo que Jesús le diría:

«*Marta, Marta,* **tú estás preocupada** *y molesta* **por tantas cosas**, *pero* **solo una cosa es necesaria**, *y* **María ha escogido** *la parte buena, la cual* **no se le quitará**» (Lc 10:38-42, énfasis mío).

Muchas veces Dios concede que se nos «quite» aquello en lo que estaba depositada nuestra atención, que nuestro «reinito» sea sacudido, que nuestro plan sea deshecho. Eso lo viví cuando empecé este libro en el 2020, donde muchos planes se volvieron humo durante un año en que la vida tal como la conocíamos fue afectada de muchas maneras. Sin embargo, esto que es «quitado» es para llevar nuestra atención al lugar correcto y a lo que sí debemos escoger:

Estar con Jesús, atentos a Él.

El salmista dice que la alegría de estar allí es mejor que la de «ellos en su mejor temporada» y el descanso que estar en la presencia de Dios provee no podrá ofrecerlo ningún té de tila, aceite esencial o pastilla que duerma tu cuerpo:

> *«Alegría pusiste en mi corazón,*
> *Mayor que la de ellos cuando abundan su grano y su vino nuevo.*
> *EN PAZ ME ACOSTARÉ Y ASÍ TAMBIÉN DORMIRÉ,*
> *PORQUE SÓLO TÚ, SEÑOR, ME HACES VIVIR SEGURO»*
> (Sal 4:7-8, énfasis mío).

No quisiera que pierdas de vista que el descanso confiado y la alegría en el corazón (opuesto a la ansiedad / miedo y depresión / angustia) vienen de una fuente gloriosa que no para de invitarnos a su presencia:

*«Vengan a Mí, **todos los que están cansados y cargados, y Yo los haré descansar.** Tomen Mi yugo sobre ustedes y aprendan de Mí, que Yo soy manso y humilde de corazón, y **hallaran descanso para sus almas.** Porque **Mi yugo es fácil y Mi carga ligera»** (Mt 11:28-30).*

Si el yugo y carga que has llevado hasta ahora te tiene hoy drenado, es posible que se deba a que la estabas cargando solo. Sin embargo, debes saber que cuando la cargas con Jesús se hará fácil y ligera porque, en esencia, Él es quien tiene el poder para cargarla con todo y nosotros.

Podrás haber notado que se trata de un tema que me apasiona no solo porque es muy necesario, sino, más que todo, porque yo lo necesito para mi propia salud personal. Espero un día poder compartirte más de este arte, de esta adoración a lo que Dios denomina «reposo», esa señal que nos recuerda que en el quebranto, la ansiedad o depresión, somos obligados a recordar:

Dios es Dios y lo necesitamos.

Así que tranquilo, o como diría mi amigo Mark Hoover: «Cuando creí estarme reventando contra una pared, no sabía que estaba tocando una puerta que

Dios abriría para cosas que, si me las hubieran contado, no las habría creído».

En Cristo, hay descanso del alma. De pronto, al descansar podrás ver en esa pausa detalles de la escena que, producto del ritmo en que veníamos viviendo, no veíamos y eran realmente esenciales. Por lo tanto, mi oración a Dios es que uses este libro y cambies lo que acostumbras pedir al orar; del «sácame de esto» a pedir por entendimiento (Pr 1-4). Quizás entonces Dios te conceda no solo la razón para lo que estás pasando por esta temporada oscura sino, mejor aún, su propósito:

Él.

Concédeme el guiarte en una oración. Se trata de mi propia oración en este tema y si te sirve la puedes replicar para orarla tú mismo:

«Señor, tu eres Dios, yo no. Perdóname te ruego por toda una vida en que cada día la corría acorde con mi agenda, lo urgente, incluso tu agenda, pero muchas veces en mis fuerzas.

Hoy entiendo que estar cargado no es tu diseño para mí. Sé que me invitas a una carga ligera y fácil, contigo.

Concédeme un corazón que honre el día a la semana en que recuerde esa señal de que Tú eres mi Dios, quien me san-

tifica y pueda yo santificar ese día, descansando, disfrutando y habitando en tu providencia, protección, poder, dirección y promesas.

Hazme odiar el corazón y las actitudes que comuniquen que si yo no hago algo, las cosas no resultarán. He sido tan arrogante, pero hoy me avergüenzo porque ya sé que tú puedes hacer más en un segundo, que lo que yo puedo hacer en toda una vida.

Quiero conocerte más y al hacerlo, descansar en Ti, y que me des de esa alegría en el corazón, mejor que la que el mundo ofrece en las mejores temporadas, y de ese descanso confiado que solo da el saber que tú me haces vivir confiado, no por lo que soy y hago, sino por lo que Tú eres y haces: Mi Salvador, mi Rey, mi Lugar seguro, mi esperanza y Príncipe de paz.

Sí, dame entendimiento, del que viene de ti, para saber que algo no está bien en mi almu, cuando andando con el Príncipe de paz, ansiedad o angustia caracterizan mi vida, y hazme volverme a Ti rápido y de todo corazón, hallando ese descanso que Jesús prometió en Mateo 11:28-30, en ese nombre te lo ruego, el de mi Rey Jesús, amén».

TÁCTICA 7

No hay táctica, solo REPOSA. Cada 7 días recuerda hacerlo y lo que el salmista registró en el Salmo 116:7-9

«Vuelve, alma mía, a tu reposo,

Porque el Señor te ha colmado de bienes.

Pues Tú has rescatado mi alma de la muerte,

Mis ojos de lágrimas,

Mis pies de tropezar.

Andaré delante del Señor

En la tierra de los vivientes»

(Salmo 116:7-9).

El reposo, no es nada más una sensación, es una ubicación, una persona, y su nombre es Jesús. Descansa, eres amado por Alguien que te está invitando a sí mismo, eso es el más grande privilegio de todo el universo.

Descansa en Él.

Día 8

Amo la vida... pero ya no la quiero

EL SUICIDA LLEGA A LA CONCLUSIÓN
CORRECTA, PERO A LA ACCIÓN EQUIVOCADA.

«Porque mi alma está llena de males,

Y mi vida se ha acercado al Seol»

(Salmo 88:3)[17].

———————

«¡Tulipanes! Esa sería la mejor opción. Van a querer leer nue-
vamente «queriendo entender», así que mejor no paren. Siem-
pre mentalicen mi rostro con la mejor sonrisa con que me pue-
dan recordar.

No me malinterpreten, AMO LA VIDA y tengo la firme

convicción de que existe un Dios que me ama más de lo que pu-

———————

[17] Para un mayor entendimiento del Salmo 88, el único salmo que
parece no terminar bien, mira el mensaje «¿Ya me olvidaste con
Dios? - Salmo 88» (https://www.youtube.com/watch?v=I7cD4X-
GzpPk).

*diera entender... pero la idea loca de este viaje comenzó cuando no logré abrazar y corresponder a ese amor. **La culpa la tiene esta cabeza de la que no logro escapar** y de mi incapacidad para poder entregarme por completo y de verdad.*

Creo que si fallo al único objetivo que le da sentido a la vida, uno mismo se expone a una tremenda miseria. Alcanzar cualquier otra cosa es vanidad, es igual de inalcanzable y resulta finalmente vacía y bastante dolorosa.

Siempre he peleado para no huir, pero mi persistencia no es tan buena.

Disculpen la inmadurez y no me juzguen con tanta fuerza, encuentren un equilibrio entre la lástima, el desconcierto y el cariño, si es que se los di. El tiempo bueno fue padrísimo, espero encontrarlos pronto».

Ese fue el mensaje que dejó Mary[18] a sus familiares y amigos después de haber hecho una investigación sobre el «suicidio irreversible». Aunque el mundo diga que tiene baja autoestima, es todo lo contrario con un suicida. Esa persona se ama tanto que no le gusta sufrir y tampoco está dispuesto a perseverar. Por eso es mejor quitarse la vida para «descansar». Job, el famoso

---

[18] Para mantener la confidencialidad usaremos Mary y Pepe para referirnos a los diferentes casos.

personaje bíblico, lo expresó de la siguiente manera en un muy mal momento por el que estaba atravesando:

«Si hubiera muerto al nacer, ahora descansaría en paz;
estaría dormido y en reposo...
Pues una vez muertos,
los malvados no causan más problemas
y los cansados encuentran reposo»
(Job 3:13, 17 NTV)[19].

Mary, como toda persona que está perdiendo la pelea y **experimenta depresión**, ya había hecho su investigación, no solo para quitársela vida, sino para quitársela sin dolor y de manera irreversible, definitiva y sin vuelta atrás.

Ella me contó que uno podía encontrar en Internet páginas dedicadas a métodos y sugerencias para los suicidas. Por ejemplo, si te dieras un balazo mal disparado podrías quedar vivo, pero en estado vegetal y por eso te recomiendan darte un balazo desde lo alto de un edificio, para que, si no te mata el balazo, lo haga la caída.

---

[19] Recuerda que ayer que hablamos de la importancia y del anhelo del alma por reposo.

Ella también encontró que, entre las pastillas que producen un efecto mortal por sobredosis, había una que su papá usaba por un tema de salud. Ella hizo el cálculo y bastaba tomar cierta cantidad para que sea prácticamente un hecho de que se quedaría dormida para no despertar jamás.

Luego de su investigación preparó sus cartas, una para sus amigos y familiares, otra para la persona con la que solía tener relaciones sin amor y que sólo la usaba para esos fines, y una para Dios.[20]

Podría sonar curioso que Mary no llegara a este punto producto de un evento verdaderamente catastrófico, sino como resultado de una culpa que la carcomía al caer nuevamente en el engaño y entregarse a un hombre con la idea de que podía encontrar esa sensación de plenitud, sentirse amada, valorada, atractiva e incluso necesitada. Me refiero a todo aquello que nuestra carne tiende a jugar y vendernos como esencial para nuestra existencia. Mucho de ello realmente ya lo somos los cristianos en Cristo, pero también nosotros somos distraídos de nuestra identidad y la empezamos

---

[20] Esta la comentaremos mañana porque es la más genérica, sincera y a la vez la que expone muchas de las mentiras que Satanás susurra y vende a quienes planea destruir. ¡Gracias a Dios que es poderoso para salvar!

a desviar para encontrarla erróneamente en asuntos temporales y mortales. Pero eso pasa con mucha frecuencia y Dios tiene a bien mostrarnos aquello en lo que confiamos.

Como habrás notado en la carta, Mary se presenta como creyente. Ella llegó proveniente de otra iglesia, nominalmente decía creer en Dios y Su Evangelio, pero funcionalmente ella gobernaba sobre todos sus tesoros y anhelos (incluso vida sentimental y sexual) a su modo y tiempos.

La decisión que ella tomó no solo nos pasa a personas que batallamos con depresión, sino a cualquier otra persona. Recuerda que la depresión y la ansiedad son primos hermanos, en algunos casos hasta siameses, monstruos de dos cabezas que atacan con fuerza el corazón de la persona.

La siguiente carta fue escrita por Pepe, un incrédulo que la escribió para su psicóloga/terapeuta. Mi objetivo es que puedas encontrar detalles en común, entendimientos de la realidad que parecen los mismos y conclusiones igualmente erradas. Lo cierto es que Satanás no es muy creativo, no tiene miles de ideas frescas, pero sí es un gran mercadólogo que tiene el talento de venderte veneno para matarte y que se lo pagues a un precio altísimo. Destacaré entre paréntesis y en cursivas algunas cosas. Esto es parte del escuchar atentamente para un consejero, ya que bien dijo Jesús: «lo que uno dice brota de lo que hay en el corazón» (Lc 6:45 NTV).

«Hola Doctora:

Las cosas no salieron como esperaba (*mi expectativa no se cumplió, y mi reinito fue sacudido y fracasé*), **tuve otro ataque de pánico, que me llevó** (*tú te guías a ti mismo, lo que en esencia es que las circunstancias externas determinan tu rumbo y decisiones*) **a tomar decisiones equivocadas.**

Ya no encuentro una salida (*desesperanza*) y estoy lleno de vergüenza (*culpa, ¿recuerdas la carta de Mary?*) con mi familia y mis hijos (*a quienes ama, pero por su decisión han de perder a su hijo y padre, cosa que generará más daño y dolor*).

Es difícil seguir con esto en mis hombros (*¿recuerdas ayer que hablamos de una invitación para los cargados?*), incluyendo el saber que solo me quedan fondos suficientes para 7 años (*Su problema a diferencia del de Mary, era financiero, pero cuán engañado podía estar que tiene el recurso para vivir 7 años bien y en ese tiempo reconstruir con Dios su vida, pero eso no es suficiente en su corazón. Uno quiere asegurarse el futuro, no necesito a Dios, yo soy el sostén de mi vida. Pero cuando ese sostén falla, pues todo se derrumba y quieres quitarte la vida*).

Hay veces que el destino (*es lo que cree que gobierna todo: el destino*) nos lleva a un final así.

Te incluyo los borradores de la carta de despedida para mis hijos, quiero que la platiquemos y me digas si está bien, para que les sea más fácil asimilar mi partida:

Queridos _____ y _____, si están leyendo esta carta es porque ya no estoy con ustedes.

He decidido poner fin a mi vida de forma voluntaria y plenamente consciente de mis acciones (*este es el engaño, creer que tu vida es tuya y tu determinas cuando terminarla. Ni siquiera tuviste injerencia en cuando empezarla, pero somos tan arrogantes y amamos tanto el control, que incluso queremos que nuestra muerte esté en nuestras manos y tiempos*).

La vergüenza que me invade (*es un ataque, algo que no controlo, y me vence; opuesto al dominio propio, fruto del Espíritu en nosotros que nos dirige y nos salva de ser dirigidos por nosotros y nuestros deseos engañosos, Ef 2*), al haber tomado dos decisiones fatales en un momento de ataque crónico de nervios que nos llevaron a perder parte de nuestro patrimonio en pesos y quedando atado a un tipo de cambio creciente, etc... (*él narra cómo fue aconsejado por un inversionista, arriesgó y perdió parte de su patrimonio que él estaba acumulando para su vejez y dejarle algo a sus hijos*).

La verdad es que no puedo verlos a la cara, ni a nadie de la familia, después de lo que sucedió.

Creo que después de varios episodios en los últimos años, **nunca me llegué a recuperar y estos ataques** fueron la bomba y el infierno que me llevó a esto y a cometer tan grande error.

Pensé tener una vida de calidad aquí en la ciudad, sin embargo, muchas cosas se fueron presentando como lo de mi… (*expone algunos temas de salud que padeció*).

Es difícil lidiar así en la vida y estoy muy cansado y solo (*¿te acuerdas ayer que vimos lo del reposo? Dios envió justamente a Jesús para que nunca estuviéramos solos*).

Sé que cometí muchos errores con ambos y por eso les pido perdón, ojalá hubiera pasado más tiempo con ustedes (*podrías pasarlo, incluso en tu limitado entendimiento crees que tienes siete años de vida estable financieramente hablando, lo que te concedería mucho tiempo con tus hijos para disfrutar viéndoles crecer, cosa que Satanás te va a robar a ti y a ellos si sigues haciéndole caso. Incluso, si no tuvieras un centavo, es Dios quien ofrece ser nuestro sostén, seguridad y esperanza para el futuro. Él se especializa en convertir momentos dolorosos en destinos gloriosos. Hay esperanza … en Él*).

(*Luego de explicar cómo dejaba su testamento y que se encargaran de su perro, termina con*)… créanme que es muy difícil tomar esta decisión y llevarla a cabo de la manera menos dolorosa (*¿recuerdas, el problema del suicida?, no es que se ama poco, es todo lo contrario, se ama tanto que no está dispuesto a padecer más*), por eso no lo hice en el *penthouse*, para que no queden ahí malos recuerdos.

_____ (*a uno de sus hijos*), por favor siempre chequea tus estados de ánimo y visita un psicólogo (*visita que realizó y que no está terminando muy bien, ni tampoco está siendo de ayuda trascendental*)».

Podemos ver varios elementos que son el común denominador percibido por aquellos que batallan sufriendo depresión o ataques de ansiedad:

- Desesperanza.
- Culpa.
- Vergüenza.
- Cansancio.
- Despropósito.
- Hablan de un amor (pero el problema es que se aman más a ellos mismos).
- Sugieren o hablan de una «ayuda» que no les ayuda a ellos mismos (incluso Mary, hablando de un Dios que no conocía y que, por ende, no era poderoso para salvarla).

• Ataques o elementos de los cuales no logró escapar (cautiverio).

El Evangelio usa la consejería Bíblica como una avenida para conectar a las personas con esas percepciones y la obra de Cristo, mostrándonos que el problema no es nuevo y que, incluso, personajes de la Biblia experimentaron momentos así. Reflexionemos por un momento en el Salmo 13 y descubramos esas percepciones de las que hemos estado hablando:

13 ¿Hasta cuándo, oh, Señor? ¿Me olvidarás para siempre?	Sensación de soledad y de haber sido olvidado.
¿Hasta cuándo esconderás de mí Tu rostro?	Ante lo que ve, percibe que incluso diría alguien cercano: «ya Dios ni se ha de acordar de mí».
2 ¿Hasta cuándo he de tomar consejo en mi alma,	Ya me harté de aconsejarme y ser guiado por mí o lo que me pasa.

teniendo pesar en mi corazón todo el día? ¿Hasta cuándo mi enemigo se enaltecerá sobre mí?	Mis días se caracterizan por pesar / tristeza. Estoy bajo ataque de algo que me tiene cautivo.
3 Considera y respóndeme, oh Señor, Dios mío;	Pero a Ti clamo, en Ti espero.
ilumina mis ojos, no sea que duerma el sueño de la muerte;	Si Tú no me iluminas, seguiré como un animal disecado, con ojos y en posición de vivo, pero muerto por dentro, sin brillo en los ojos y moriré.
4 no sea que mi enemigo diga: «Lo he vencido»; y mis adversarios se regocijen cuando yo sea sacudido.	No permitas que pierda la batalla.

5 Pero yo en Tu misericordia he confiado; Mi corazón se regocijará en Tu salvación.	El salmista se predica verdad, ya que lo que ve tiende a venderle engaños temporales, ilusiones y desesperanzas mortales. Ubica su confianza[21] en la fuente correcta: Dios.
6 Cantaré al Señor, Porque me ha llenado de bienes.	Alaba y recuerda que Dios ha sido bueno y fiel, que ciertamente este momento cansa y aparenta ser mortal, pero no es lo que determina mi vida, sino volverme a la realidad de que Dios ha sido bueno y decido volverme a Él. No debo seguir mi conversación fatídica e ilusoria de una supuesta solución a mi problema. Debo salir de mí y poner a Dios en la fórmula, pasar a caminar una vida con Dios y siendo Él quien dirija más mis pasos.

[21] Lee el capítulo «cómo se ve confiar en Dios» para que entiendas qué es confiar.

Incluso David, el hombre conforme al corazón de Dios, sufrió momentos en que lo que veía y sufría le superaba, pero su testimonio nos enseña a predicarnos verdad y perseverar en la búsqueda de Aquel que es nuestra única esperanza verdadera, quien promete que le hallaremos si le buscamos y nos salvará.

Esa salvación la envió en la persona de Jesús. Recuerda lo que Jesús mismo leyó durante su visita a la sinagoga de Nazaret:

18 «El Espíritu del Señor está sobre Mí, Porque me ha ungido para anunciar el evangelio a los pobres.	Saben que tienen la necesidad de Dios.
Me ha enviado para proclamar libertad a los cautivos,	Los que no pueden escapar. Algo o alguien los oprime y no los deja libres.
Y la recuperación de la vista a los ciegos; Para poner en libertad a los oprimidos; 19 Para proclamar **el año favorable del Señor**» (LC 4:18-19 NBLA)	Los que creen que ven, pero están ciegos. Lo que ven los está matando.

Hay esperanza y la transformación auténtica es posible si estás dispuesto a ordenar tu vida (cada día) con el fin de hacer las cosas que Jesús practicaba. En una palabra, seguirlo. Para hacerlo debes primero conocerlo y andar con Él. Ese proceso se conoce como discipulado. La consejería Bíblica es solo una excusa para discipular personas que sigan a Jesús. No nada más es un proceso para ayudar en el nivel de los síntomas, sino para modelarte y acompañarte a través un estilo de vida que siga de cerca a Jesús. Esa es la verdadera libertad (Jn 8:31,32) y vida en luz y verdad (Jn 8:12).

TÁCTICA 8 (la haré contigo)

TEMA. Ten cuidado de con quién andas y a quién escuchas. Empieza teniendo cuidado contigo, porque eres a quien más escuchas. Por lo tanto, predícate verdad, la Palabra de Dios es verdad.

ATESORA.

«Pero yo en Tu misericordia he confiado;
Mi corazón se regocijará en Tu salvación»
(Salmo 13:5).

CORRIGE. Uno confía finalmente en una voz, la de Dios o la otra (una combinación de la tuya susurrada por este mundo/el diablo). En «Integra» registraremos eso.

TRANSCRIBE. Escribe en tus propias palabras el Salmo 13.

_____

_____

_____

INTEGRA. Parte del desafío de hoy será empezar a ubicar la mentira, registrarla y corregirla con verdad, saturando tu conversación con la verdad (pide ayuda a tu pastor o consejero si se te complica encontrar o no conoces bien la verdad de Dios que te ayudará a corregir la mentira que en la que estamos creyendo).

_____

_____

_____

CONFÍA. Activa tus alarmas y empieza a recordarte la verdad más importante y necesaria de las que Integraste.

ACTIVA. Envía un registro a tu pastor o consejero de 3 a 5 momentos en tu día en los que te querían engañar o tú mismo querías seguir cultivando el engaño y con qué verdad lo corregiste y por qué.

Busca comprometerte con tu consejero, consejera o pastor para crecer en las prácticas de Jesús (oración, tiempo a solas con el Padre, ayuno, congregarse, respuesta ante la tentación, etc.). Varias de ellas se aprenden y se ejercitan mejor luego de haberlas caminado con alguien.

Dios, me cansé,
ya no quiero caminar

«Por favor, Dios, ¡rescátame!
Ven pronto, Señor, y ayúdame»
(Salmo 70:1).

Ayer vimos la carta que dejó Mary a sus familiares y amigos, hoy veremos la que ella le escribió a Dios.

Recuerda que nominalmente ella decía creer en Dios, pero fue justo cuando se estaba desvaneciendo después de la sobredosis de pastillas, que Dios le concedió, por su sola misericordia, una convicción que le llevó a preguntarse, «¿y si no soy salva?». Esta incertidumbre le produjo temor y la llevó a hacer una oración suplicando por una nueva oportunidad. Ella pedía que Dios le concediera la posibilidad de pedir ayuda a su hermana médica, quien subió a su habitación y al verla pidió de inmediato una ambulancia.

Cuando llegó al hospital y pasó por los protocolos obligados para situaciones de ese tipo, los doctores no podían creer la cantidad de pastillas que Mary había tomado (aunque ella luego contó que había tomado aún más para asegurar el resultado). Los médicos le aseguraron que no era posible sobrevivir luego de tamaña sobredosis. Mary tuvo que reconocer la intervención divina y agradecer a Dios por haber escuchado su oración.

Mira lo que escribió en su carta a Dios antes de poner en práctica lo que había aprendido durante su investigación sobre cómo quitarse la vida (recuerden que mis comentarios están entre paréntesis y en itálicas):

«*Gracias Dios por mi vida, por elegirme desde antes de nacer, gracias por Cristo Jesús que lavó mis rebeliones, gracias porque sin él no habría experimentado todo esto.*

Me cansé, ya no quiero caminar aquí, ya no puedo volver al mismo lugar otra vez, a fallarte. Sé que tu amor no depende de mis fallas, pero ¿para qué vivir si no es para darte honra?

No pude, corrí a mi destrucción. Tu viniste, ciertamente siempre contestaste, siempre has estado aquí, pero yo no pude contestar nunca. Mi orgullo, mi ego, mi yo siempre fueron más grandes y no los he podido callar, no va a terminar

Dios, voy a seguir buscándolo (al chico con el que se acostó, cuya relación no solo era obsesivamente tóxica, sino claramente en contra de la voluntad de Dios desde el inicio y ella lo sabía)*, incluso cuando él se vaya, y si no es él, será alguien más. Voy a seguir cayendo en una espiral más y más profunda cada vez y ya no quiero vivir así, llena de* **culpa** *que no se convierte en arrepentimiento verdadero y que entonces me arrastra a más* **vergüenza.**

Creí que ya había acabado, siempre he corrido a ti, pero mira con cuanta humillación terminé el miércoles; ya no quiero fallarte, **ya no quiero fallar, esto no se va de mi cabeza.**

Ten compasión, perdóname por esto, perdóname por todo y permíteme habitar en tu presencia».

Explico lo siguiente cuando enseño consejería relacionada con este tema:

«Quien batalla con temas suicidas llega a la conclusión correcta, pero a la acción equivocada. No se trata de quitarte la vida, sino de rendirla a Aquel que le pertenece porque la compró en un madero. Ya no es tuya para determinar qué hacer con ella, sirve a Aquel que vive en ti: Jesús (Gá 2:20)».

Tener esta conversación con Dios y llegar a decirle, «ya Dios, aquí se acaba, ya no puedo seguir», es normal. Mary la pasó hace un tiempo. Yo, en 2003. Incluso también hombres de Dios en la Biblia, como Elías hace unos tres milenios atrás.

> «*Luego siguió solo todo el día hasta llegar al desierto. Se sentó bajo un solitario árbol de retama y pidió morirse:* **"Basta ya, Señor; quítame la vida, porque no soy mejor que mis antepasados que ya murieron"**». (1 Rey. 19:4 NTV, énfasis mío).

Podríamos encontrar muchos más que pasaron por esto: Abimelec (Jue 9:54); Saúl y su escudero (1 S 31:4-5); Ahitofel (2 S17:23); Zimri (1 R 16:19); Sansón (Jue 16:29-30); Judas (Mt 27:3-5); Jonás (Jon 4) entre otros. Las razones son variadas:

• Venganza/amargura.
• Fracaso.
• Orgullo.
• Miedo.
• Vergüenza.

Pero sin importar la causa el común denominador para todas esas percepciones dolorosas, como ya lo hemos visto, es sufrimiento.

En el caso de Mary era la culpa, la vergüenza y un pensamiento que la mantenía cautiva y le decía que no podría salir de donde estaba. Esta percepción era consecuencia del pecado al desear obsesivamente una relación que sabía de raíz que no era la voluntad de Dios. Sin embargo, ella estaba dispuesta a sacrificar su cuerpo, incluso en un acto sexual entregado en el altar de aceptación, producto del deseo de un amor falible por el solo hecho de no estar sola. Lo irónico de todo esto es que el pago real era la condenación, la desesperanza y la soledad.

El mundo promete siempre más
de lo que entrega.
Es el fraude por excelencia.

En mi caso, no fue distinto mi punto más bajo de desesperanza. Se debía, en esencia, a que Dios no prosperó mi agenda, mis deseos, planes, anhelos y todo aquello a lo que me dediqué con pasión. De pronto veía esfumarse poco a poco todo lo que anhelaba y no hallaba motivo para continuar.

Como lo acabamos de ver con Elías, pareciera como si nuestra propia conversación sonara más fuerte que la certeza que tenemos de Dios y sus Palabras. Nuestro plan es mayor y mejor que el de Dios y cuando parece que el Señor no servirá a nuestra agenda, entonces nos volvemos hacia Dios haciendo un berrinche y le decimos con fuerza, «¡Vivimos a nuestro modo o mejor no vivimos! Dios, si no apoyas mi agenda, ya mejor la dejamos aquí».

Ya he mencionado que incluso siervos de Dios han caído presas de este engaño. Entiendo perfectamente que el amor y el dolor por la pérdida de un ser querido bajo esas circunstancias nos fuerza dentro de los límites de la comprensión, pero la realidad es que el suicidio es la máxima expresión de amor propio, es opuesto al amor a Dios y al prójimo al que Dios llama a su pueblo, empezando por la familia.

Podría haber personas que están leyendo este libro y están considerando la idea de quitarse la vida. No quisiera sonar insensible, soy muy consciente y entiendo por qué puede parecer tan atractiva esa opción que pareciera desaparecer de una vez por todas el dolor, el sufrimiento y alcanzar ese descanso que creemos nos dará el «ya no pelear esto que me carcome». Sin embargo, déjame leerte lo que escribió una esposa de un pastor que se suicidó. Sus palabras nos revelan el dolor que causarías al no estar, al ponerte en el lugar de Dios y determinar cuándo terminará tu jornada en este mundo. Te comparto las palabras de esa mujer porque recuerdo cuán profundo fue su impacto en mí. Leer del dolor que causa la muerte de esa manera, en donde Satanás toma gran placer al alejarnos del Dios que es nuestra vida (Jn 14:6). Estas son sus palabras:

«Decirle a los niños ayer, fue lo más duro que he tenido que hacer en toda mi vida. Me deshizo. Nuestro hijo mayor pasó el peor momento tratando de procesar todo. Es un niño tan inteligente y tiene el corazón increíblemente roto.

El tipo de preguntas que hizo realmente me impactaron:

- ¿Tú y papi aún seguirán casados?
- ¿Los doctores sabían que papi iba a morir?
- ¿Por qué no se despidió?
- ¿Cómo va a ser nuestra vida sin papá?
- ¿Quién se encargará de proveer el dinero ahora?

Estas son las preguntas que un niño de cinco años no debería estar haciendo. Son preguntas que una mamá de 29 años no debería estar respondiendo. Odio no poder protegerlos del dolor que esto les causa. Odio que el único modo de superar esto sea atravesarlo. Hay tanta incertidumbre ahora.

Una preocupación mayor es el tema financiero, como muchos saben, el seguro de vida no cubre cuando la persona se suicida. Sé que Dios proveerá, pero me causa terror imaginar el criar a tres pequeños trabajando y aún lamentando el perder a mi esposo».

Jamás me escucharás minimizar el dolor, el desgaste emocional y el sufrimiento inmenso de quienes están bajo ataque por la depresión o la ansiedad. Yo mismo lo he experimentado en carne propia y sé lo que es pasar por esos campos minados. Sin embargo, leer el daño colateral que causa a quienes un día prometiste amar y proteger, incluso «hasta que la muerte los separe» me causó una profunda reflexión. El hecho de que uno mismo produzca esa muerte que separe es una evidencia de que el diablo no está jugando y no deja de vender mentiras mortales al corazón sufriente.

Esa es la razón por la que el hombre más sabio del Antiguo Testamento les insistía a sus hijos a que tengan sumo cuidado con todo aquello a lo que ponían atención, inclinaban el oído, escuchaban, atesoraban, se relacionaban con pasión y consideraban a diario. Es interesante que la Biblia habla de pensamientos que debemos mantener y de otros que debemos rechazar y por eso habla de afinar tus oídos, cosas que no debes perder de vista y lo que debes dejar de buscar y muchas otras cosas similares que **te mantendrán a salvo,**

dirigirán, alegrarán y guardarán tu corazón (Pr 1-4).

Uno de los pensamientos más diabólicos que hemos escuchado los que batallamos con depresión suicida es el siguiente:

«Pero si ponemos atención, pues incluso Jesús se suicidó. Jn. 10:18 dice: "Nadie puede quitarme la vida sino que yo la entrego voluntariamente en sacrificio" (Jn. 10:18a NTV).

Entonces, si soy seguidor de Jesús, pues no hay nada de malo en seguir sus pasos e igual quitarme la vida voluntariamente».

¡Ok! Yo entiendo, más aún como pastor, que podemos ser muy buenos en sacar textos aislados de la Biblia para justificar nuestra propia agenda y deseos. El tema es que, al igual que las prédicas que usan textos fuera de contexto, el daño lo reciben miles de creyentes engañados y cautivados con un estilo de vida inconsistente con el evangelio producto de un mal uso de las Escrituras. Por lo tanto, usar versículos de aquí y de allá para justificar que eres más como Jesús cuando planteas el suicidio como una posibilidad para tu vida, únicamente le produce un gran placer al enemigo de Jesús.

Entender los textos de la Biblia en su contexto y en relación con todas las Escrituras es sumamente importante para poder interpretarlos correctamente. De allí que la segunda mitad del versículo mencionado dice: «Pues tengo la autoridad para entregarla cuando quiera y también puedo volver a tomarla. Esto es lo que ordenó mi Padre» (Jn. 10:18b NTV). Jesús entregó su vida y tenía el poder para volver a tomarla, porque es Dios, tú y yo no lo somos. Él dio su vida en sacrificio necesario para librarnos de la muerte, no para que tú y yo nos causemos la muerte.

Jesús dio su vida porque el Padre le había ordenado que lo hiciera ya que era el sacrificio expiatorio planeado desde un inicio, consumado en la cruz y victorioso en la resurrección. Sin embargo, a nosotros nos da otra instrucción:

> *«De la misma manera dejen que sus buenas acciones brillen a la vista de todos, para que todos alaben a su Padre celestial»* (Mt 5:13).

No conozco un solo caso de suicidio dentro y fuera del reino de Dios que genere alabanza a Dios porque alguien se quitó la vida. Por el contrario, genera más ruido, distracción y confusión para el pueblo de Dios.

Jesús murió para darnos vida, no para que nosotros nos la quitemos.

Pero el enemigo es astuto (Gn 3:1) y hará lo necesario para que un acto que no le da la gloria a Dios en absoluto aparente ser la acción más coherente con nuestro dolor y sea la forma más rápida para eliminarnos y, por ende, eliminar lo que creemos que es el problema. La salida más cómoda para nuestra voluntad ya vencida.

Pero reitero, ten en cuenta que el hombre más sabio del mundo llegó a esa conclusión, a la que muchos siglos después José Alfredo Jiménez compusiera una canción en donde afirmaba que la vida no vale nada. Mira como lo dijo muchísimo antes Salomón:

> «*Estas son las palabras del Predicador, hijo de David, que fue rey*
> *en Jerusalén:*
> *¡En esta vida nada tiene sentido!*
> *¡Todo es una ilusión!*
> *Realmente, en esta vida*
> *nada ganamos con tanto trabajar […]*
> *Pude darme cuenta de que no tiene sentido nada de lo que se hace en*
> *este mundo; ¡todo es como querer atrapar el viento! […]*
> *Luego me puse a pensar en todo lo que había hecho, y en todo el*
> *trabajo que me había costado hacerlo, y me di cuenta de que nada de*
> *esto tenía sentido; todo había sido como querer atrapar el viento. ¡En*
> *esta vida nadie saca ningún provecho!*» (Ec 1:1-3, 14; 2:11 TLA).

Como habrás podido notar, si has batallado con ese desánimo que termina con una vida sin sentido... no andas tan solo ni perdido. El hombre más sabio registró esos mismos pensamientos en uno de sus libros. El detalle radica en que la perspectiva que Eclesiastés plantea es el de una vida donde lo único que se considera es lo que «hay debajo del sol», por ende, es obvio que Salomón perdiera el sentido de todo, porque nuestra vida no fue creada para ser vivida con la mirada en lo qué hay debajo del sol, sino en lo eterno.

La guerra contra la depresión y el ataque de ansiedad pareciera ser una guerra sin cuartel y sin un final claro. El ídolo de control, que muchos tenemos, rompe toda estructura y expectativa personal y nos deja en un limbo de vacío, espera sin sentido y, por ende, sin esperanza para vivir el presente.

Incluso Pablo, cuando estaba prisionero, deseaba salir y visitar a las iglesias, pero llegaría el punto en que rendiría su deseo al de Dios y sus anhelos a su llamado, llegando a estimar la vida y la muerte como igual de valiosas. Sin embargo, no puedes tener una muerte valiosa y que exalte a Cristo si no tienes una vida que haya hecho evidente que esa era tu agenda. En las propias palabras de Pablo:

«*Tengo la plena seguridad y la esperanza que jamás seré aver-gonzado, sino que seguiré actuando con valor por Cristo, como lo he hecho en el pasado. Y confío en que mi vida dará honor a Cristo, sea que yo viva o muera.*

*Pues, **para mí, vivir significa vivir para Cristo y morir es aún mejor.***

*Pero si vivo, puedo realizar más labor fructífera para Cristo. Así que realmente no sé qué es mejor. Estoy dividido entre dos deseos: quisiera partir y estar con Cristo, lo cual sería mucho mejor para mí; **pero por el bien de ustedes, es mejor que siga viviendo.** Al estar consciente de esto, **estoy convenci-do de que seguiré con vida para continuar ayudándolos a todos ustedes** a crecer y a experimentar la alegría de su fe*» (Fil. 1:20-25 NTV, énfasis mío).

Pablo mismo tenía esta batalla entre dos deseos, pero escogía el de Dios, lo que hacía más evidente su amor al Señor y a su prójimo. Si vives para Cristo hay una ganancia en la muerte, un descanso, pero si la vida que hoy tienes no te gusta y por eso la quieres terminar, creo que necesitas conocer a los héroes de la fe para que veas que el sufrimiento (como veremos ma-ñana) puede ser un consejero malo y mortal.

El sufrimiento es para Dios un instrumento para el bien de los que le amamos. Nos hace reconocer lo necesitados que estamos... de Él, de su gloria, de que rindamos nuestra voluntad a la suya, que veamos su persona obrando en la nuestra, para que hagamos visible que amamos más a Dios y a otros... ¡y por eso no nos rendimos!

Dios tiene delimitados ya los días de nuestra presencia en esta tierra. Por lo tanto, la solución al problema no es quitarnos la vida, sino entregarla más y más a Aquel que es poderoso para hacernos útiles, incluso en nuestra debilidad, de modo que podemos gloriarnos incluso en nuestras debilidades. Podremos estar experimentado una aparente derrota momentánea, pero eso no determina nuestra identidad. Somos hijos amados del Rey y esperamos en Él, porque de otra manera no habría esperanza para seguir. Lo que sabemos con certeza es que Dios nunca falla, nosotros sí, solemos llegar atrasados, pero Dios siempre llega a tiempo. Lo que nos toca es esperar en Él.

Mientras lo que vemos debajo del sol podría no tener ningún sentido en este momento, sin embargo, podemos recordar que nuestra vida tiene un destino por encima del sol y somos siervos de un Rey bueno que sabemos está llevando a cabo algo más grande que nosotros, incluso en medio de nosotros. Por eso, en medio del ataque y la amenaza, no desmayemos, sino reconozcamos que Dios está haciendo que lo creado no nos satisfaga por completo ahora para que encontremos nuestra satisfacción verdadera y eterna en Él. Por eso el salmista termina diciendo:

«Regocíjense y alégrense en Ti todos los que Te buscan;
Que digan continuamente: "¡Engrandecido sea Dios!"
Los que aman Tu salvación.

Pero yo estoy afligido y necesitado;
Oh Dios, ven pronto a mí.
Tú eres mi ayuda y mi libertador;
Señor, no Te tardes»
(Salmo 70:4,5 NBLA).

No hay registro alguno de alguien que perseveró en el esperar por Dios y haya sido defraudado.[22]

---

[22] Considera leer *Cuando la gente es grande y Dios es pequeño* de Ed Welch. Te ayudará mucho a ajustar la conversación y percepción que muchos tenemos de Dios en nuestra debilidad, que no es otra cosa que nuestra supuesta grandeza siendo quebrantada.

TÁCTICA 9

TEMA. Quien batalla con ideas suicidas llega a la conclusión correcta, pero a la acción equivocada. No se trata de quitarte la vida, sino de entregársela por completo a Dios.

ATESORA.

«Por favor, Dios, ¡rescátame!
Ven pronto, Señor, y ayúdame.
Que los que tratan de matarme
sean humillados y pasen vergüenza.
Que los que se deleitan en mis dificultades
retrocedan con deshonra.
Que su vergüenza los horrorice,
porque dijeron: «¡Ajá! ¡Ahora sí lo atrapamos!».
Pero que todos aquellos que te buscan
estén llenos de alegría y de felicidad en ti.
Que los que aman tu salvación
griten una y otra vez: «¡Grande es Dios!».
En cuanto a mí, pobre y necesitado,
por favor, Dios, ven pronto a socorrerme.
Tú eres mi ayudador y mi salvador;

oh Señor, no te demores»
(Salmo 70 NTV).

CORRIGE. ¿Cómo concluirían tus pensamientos si creyeras que Dios es dueño de tu vida y quiere usarla incluso en tu debilidad para que su poder sea manifiesto y tú puedas anunciar la verdad de que Él es suficiente y mejor?

TRANSCRIBE. Escribe en tus palabras el Salmo 70 (quizás no encuentres un enemigo externo, aunque siempre lo hay, es decir, el diablo. Sin embargo, la realidad es que estamos bajo ataque, tal como lo estuvo el salmista en ese y otros salmos).

_____

_____

INTEGRA. Registra tres aspectos de tu vida que te caracterizarían si lo que estás conociendo de Dios fuera verdad para ti.

1. _____
2. _____
3. _____

CONFÍA. Activa tus alarmas para que te recuerden meditar el Salmo 70 y lo que has leído hoy.

ACTIVA. Registra hoy de 3 a 5 momentos que pudiste corregir en Dios tus pensamientos de desesperanza y abandono y los cambiaste por gratitud, acciones puntuales de amor a Dios y a otros, y verdades de vida eterna (las de Dios).

_____

_____

_____

_____

_____

_____

_____

_____

El engañoso dolor de un cuerpo mortal

Ahora tenemos esta luz que brilla en nuestro corazón, pero nosotros mismos somos como vasijas de barro frágiles que contienen este gran tesoro. Esto deja bien en claro que nuestro gran poder proviene de Dios, no de nosotros mismos.

Por todos lados nos presionan las dificultades, pero no nos aplastan. Estamos perplejos pero no caemos en la desesperación. Somos perseguidos pero nunca abandonados por Dios. Somos derribados, pero no destruidos. MEDIANTE EL SUFRIMIENTO, NUESTRO CUERPO SIGUE PARTICIPANDO DE LA MUERTE DE JESÚS, PARA QUE LA VIDA DE JESÚS TAMBIÉN PUEDA VERSE EN NUESTRO CUERPO.

«Es cierto, vivimos en constante peligro de muerte porque servimos a Jesús, para que la vida de Jesús sea evidente en

*nuestro cuerpo que muere. **Así que vivimos de cara a la muerte**, pero esto ha dado como resultado vida eterna para ustedes»* (2 Co 4:7-12 NTV, énfasis mío).

Ahora quiero tocar un punto que quizás podría ser tu caso. Es muy cierto que el dolor y el sufrimiento físico extremos siempre tienden a volverse malos consejeros. Lo sé no solo porque mi esposa sufre de una enfermedad auto-inmune, sino porque Dios me ha concedido el privilegio de servirle como pastor y consejero, velando y aconsejando a algunos de sus amados hijos e hijas durante esas temporadas en las que este cuerpo mortal hace evidente su temporalidad, debilidad y descomposición. Esos tiempos dolorosos llevan a la persona a un desgaste físico que, junto con el emocional, puede convertirse en un factor importante que tiende a gobernar lo que la persona ve y experimenta en ese momento.

Mientras escribo este libro, una amada hermana, amiga cercana de mi esposa y miembro de la iglesia fiel y fructífera, está pasando por un cáncer de páncreas, cuyo pronóstico no es nada alentador. Su nombre es Gaby y aún recuerdo la primera vez que la visité. Ella me decía de lo agradecida que estaba por los versículos que memorizó en mi clase del seminario «Prácticas de Jesús», citándome de memoria el Salmo 5:

«Mi rey y mi Dios,
escucha con atención mis palabras;
toma en cuenta mis súplicas,
escucha mi llanto,
pues a ti dirijo mi oración.
Tan pronto como amanece
te presento mis ruegos,
y quedo esperando tu respuesta»
(Salmo 5:1-3 TLA, énfasis mío).

En clase hablábamos de que el verso tres hace una referencia al quebrantamiento ante el dolor. Incluso la versión en paráfrasis, *The Message*, lo dice así: «cada mañana me escucharás de nuevo, **cada mañana pondré todos los pedazos de mi vida en tu altar...**» (Sal 5:3, traducción y énfasis personal).

Ella comentaba que así han sido sus mañanas y madrugadas al despertar por el dolor. Te comparto uno de sus mensajes que me envió:

«Hola pastor, Gracias por preguntar. Pues he tenido días difíciles porque me he sentido muy mal, con dolor y también desánimo. El médico me dijo que lo mejor es operarme y con eso me dan 18 meses más de vida. Yo estoy firme y deseosa de ver cara a cara a mi Salvador, pero este desánimo es algo inespera-

do... yo me guío por la verdad, que vivo por Cristo y morir es aún mejor y estoy mucho mejor teniendo presente 2 Corintios 4:8-10 (parte de la porción bíblica que leíste al inicio de este día).

Muy afirmada por tu sermón de hoy, afirmando mi ciudadanía y repudiando el sistema de este mundo, también con mi devocional en Lucas 17, que en los últimos días será como en los tiempos de Noé y Lot, ya el Señor viene».

La Biblia muestra ocasiones puntuales en las que hombres de la talla de Pablo, por ejemplo, pasaron por dificultades de salud, incluso rogando a Dios que le quitara esa afección. Es casi imposible encontrar a Pablo rogando a Dios que le quite algo, salvo ese «aguijón/espina en la carne», incluso Pablo lo llama «mensajero de Satanás» que lo abofeteaba. Pablo entendía que eso pasaba para impedir que se volviera orgulloso (2 Co 12:7-8).

Pocas cosas distraen tanto al corazón como el dolor y el sufrimiento físico. Lo más peligroso es cuando se vuelve la voz principal que dirige la vida de la persona. Así como Gaby afirmaba que, en medio del dolor, se aferraba a lo que sabía y en quien había confiado, para muchos la prueba del dolor físico será lo que expondrá su fe verdadera, pero sobre todo manifestará nuestra debilidad y necesidad de una fuerza por encima de la nuestra.

Muchas de las iglesias en Latinoamérica han sido influenciadas por una gran desviación producto de la predicación de un falso evangelio que promueve la presentación de un dios cuyo único objetivo es bendecirte y cumplirte todos tus deseos. Como resultado, si estás bien con ese dios, entonces gozarás de prosperidad y te mantendrás sano y fuerte. Pero si hay algún pecado o incredulidad en ti, entonces caerás en pobreza, enfermedad y debilidad. Esta doctrina diabólica produce una terrible condena en personas piadosas y amadas por Dios que, en medio de nuestra imperfección temporal humana, padecen junto con ese grupo de hombres y mujeres de la Biblia a las que Dios les concede un aguijón en la carne. Esta aflicción no es necesariamente por pecado, sino siempre es para que se manifieste la gloria de Dios (Jn 9:1-3).

Jesús modeló durante su ministerio un corazón inclinado a débiles y enfermos. Pero la sanidad nunca fue el fin último de Jesús porque la sanidad no necesariamente lleva a la salvación. Una sanidad puede producir muchas veces asombro, pero también conocemos de esos diez leprosos sanados por Jesús, de los que uno solo regresa para agradecer y dar gloria (Lc 17:17).

Vincular la enfermedad o el dolor casi de inmediato con un castigo de parte de Dios es bastante común. No podemos negar esa posibilidad, pero la Biblia nos muestra, por ejemplo, con los amigos de Job, el peligro de etiquetar como pecador e infiel a alguien que está experimentando un intenso dolor y pérdida.

Mi experiencia de muchos años en el ministerio me ha permitido escuchar y amar a personas en momentos cuando el dolor se vuelve la primera voz con el volumen más alto:

- Me cuesta trabajo reconciliar a un Dios bueno con lo que nos está pasando.
- Si Dios me ama, ¿por qué tengo esta enfermedad / sufrí este accidente / abuso?
- Seguramente esto es por este pecado que cometí (y muchos argumentos similares que vinculan el dolor con el pasado).

Incluso yo llegué a tener esa conversación diabólica cuando experimentaba mi dolor y la depresión, hasta prácticamente escuchar al enemigo decir: «Si eres hijo de Dios y mira cómo te trata, mejor sería que fueras huérfano, estabas mejor sin Él».

Quisiera decirles a todas esas personas que vinieron a Cristo y al poco tiempo llegó un sufrimiento o enfermedad que posiblemente te llevó a esa plática interna de «estabas mejor antes», primero que nada, que te entiendo, no eres el único en pensar así, la Biblia muestra que incluso Job tuvo batallas similares en su mente, David también argumentó con Dios, sintiendo como si Dios le hubiera dejado o estaba lejos, los discípulos de Jesús llegaron a conclusiones similares, pero la historia no terminó allí. Déjame contarte lo que Dios me mostró.

Dios es perfecto y así también lo son su voluntad y sus tiempos. Esa enfermedad o sufrimiento que estás pasando ya venía presupuestada y preparada para ti, pero **Dios fue misericordioso y decidió intervenir en tu vida, para que no caminaras el sufrimiento solo, sino que pudieras conocerle de un modo único, uno en que el dolor y el sufrimiento estimulan en la vida del creyente.**

Nadie anhela tanto la presencia eterna de Dios como cuando ya este cuerpo en descomposición hace evidente que esta realidad de debilidad, descomposición y fin. Nadie sabe cuán débil, vulnerable e incapaz puede uno llegar a ser, hasta que, como la mujer enferma por tantos años del evangelio, ya gastaste todo lo

que tenías en médicos, nada ha funcionado y te deses-
peras y buscas a Jesús, sabiendo que es el único que te
puede dar salvación (Mc 5:26).

Lo que quisiera decirte es que si estás en esta batalla y una debilidad o sufrimiento físico crees que no te
ayuda, no estás solo; por el contrario, estás en la buena
compañía de hombres y mujeres con problemas de salud física que caminaron con Dios de una manera muy
especial. Dios tenía un propósito en su sufrimiento. Te
invito a que leas sus historias en tu Biblia, pero sobre
todo que tu consejero o pastor te ayude a conectar sus
historias con la historia de redención mayor, que Dios
está llevando a cabo en Cristo:

- Job.
- Naamán (2 R 5).
- Mujer con flujo de sangre (Mt 9).
- Niña enferma a punto de morir (Mt 9).
- Hijo de la viuda a la que Elías resucitó (1 R 17).
- Leprosos (Lc 17).
- Paralítico de Betesda (Jn 5).
- Ezequías (2 R 20).
- Lázaro (Jn 11).
- Pablo (2 Co 12).

Mike Macintosh[23] sufrió muchos años por un problema recurrente en la espalda que no lograba solución, incluso después de varias cirugías. Fui a hablar con él hace unos años atrás debido a un tema que estaba sufriendo en ese momento. Él me dijo que había atributos y una intimidad con Dios que tenía en ese momento y que no había tenido nunca. Me contaba que había llegado a un punto en que oró a Dios pidiendo poder conocerle más. Su esposa reía mientras nos contaba porque decía, «me hubieras preguntado antes de orar eso». Sin embargo, más allá de las bromas, ambos concordaban en que hay una gracia especial en medio del sufrimiento, una presencia de Dios sobrenatural cuando lo natural falla y parecen gobernar el dolor y la impotencia.

Siendo honestos, incluso en el mundo evangélico nos creemos personas de fe y piadosas cuando hacemos prevalecer ciertos hábitos «cristianos» y cuando experimentamos una aparente bonanza. Es muy fácil poner nuestra esperanza en todo eso, hasta que Dios, en ciertos casos, concede algo que nos demuestra la realidad de que la gloria del hombre es como la hierba y que hoy está y el mañana es incierto.

---

[23] Pastor plantador de Horizon San Diego, de donde viene Horizonte, la iglesia donde soy pastor.

Cuando uno es joven y lee a Pablo referirse al cuerpo como una «tienda» que se va desgastando, la realidad es que uno lo entiende desde el punto de vista filosófico. Sin embargo, cuando el cuerpo empieza a hacer evidente la mortalidad causada por el pecado, es cuando de pronto entendemos el llamado a poner nuestra esperanza en algo más que la salud o el bienestar temporal.

Juan nos habla de la muerte de Lázaro, amigo personal y anfitrión de Jesús mientras visitaba o ministraba por su ciudad (cap. 11). Jesús resucita a su amigo, pero antes somos testigos de algunas interacciones muy especiales con sus hermanas, a través de las cuales culpaban a Jesús por la muerte de su hermano debido a que no respondió con prontitud a la solicitud de ayuda que le hicieron llegar. Jesús llora ante la tumba de Lázaro porque sabe que la muerte no es parte de su diseño para nosotros y fue consciente del dolor que produce.

Este es uno de los milagros más raros para mí y te explico la razón. Cuando tienes un amigo que amas quieres lo mejor para él, gozas con sus éxitos, te anima cuando prospera y es una fuente de alegría verle pleno. Bueno, Lázaro ya estaba pleno. Imagínate ser amigo íntimo de Jesús, tú ya llegas al cielo con una «palanca» tremenda, fuiste de los mejores amigos del Hijo de Dios mientras estuvo en la tierra.

La historia nos dice que Lázaro estaba muy enfermo (Jn 11). Es posible que muchos no lo entiendan, pero como pastor han habido dos ocasiones en las que ya no he orado de forma específica por sanidad, sino para que Dios de forma compasiva llame ya a su presencia a la persona por la que estaba orando. He visto muy de cerca, por ejemplo, que el cáncer de estómago o páncreas son terriblemente dolorosos y uno llega al punto en que lo único que deseas es que el enfermo descanse ya, cuanto más si la personas es salva y tiene, por la fe en Jesús, la certeza de una vida eterna con Él conforme a sus promesas.

Ahora imagina a Lázaro, él ya está en otra economía, sin dolor, enfermedad y sin este cuerpo que se descompone día a día (por más vegano y *fitness* que seas, esa es la verdad, no te vas a llevar tu abdomen marcado al cielo y en la eternidad, créeme, podremos comer lo que venga en esa cena, sin un estómago con acidez o que se inflame o venas que se tapen). Lázaro ya está del otro lado y ya está pleno. Pero sus hermanas andan chillando delante de Jesús y al ver el dolor causado, el Señor llama de vuelta a Lázaro a esta tierra. Yo podría imaginar a Lázaro gritando: «¡NOOOOOOOOO!».

Volver a esta tierra, donde incluso después van a querer matarlo de nuevo para eliminar el testimonio del poder de Jesús. Ahora imagina que cuando pasa el tiempo le regresan los dolores a Lázaro y vuelve a decir, « No, otra vez ¡nooooo!». Siendo honestos, la Biblia nunca nos promete que lo mejor de nuestra vida será aquí, de este lado del sol, como diría Salomón. Por el contrario, en Eclesiastés nos cuenta que nada tendrá sentido cuando lo que ves bajo el sol es tu mayor esperanza de vida. Dios nos diseñó con eternidad en nuestros corazones para que nada de lo que haya aquí en este mundo nos pueda satisfacer como solo Él podrá hacerlo.

Parte de la frustración que produce el dolor y enfermedad es debido a que queremos estar bien aquí ahora, pero para eso no requieres fe. Hay muchos sanos de cuerpo y mente que no buscan a Dios porque creen que no lo necesitan (Ap 3:17). Pablo se gozaba en su debilidad, porque entendía que era cuando más fuerza tenía, porque quien le sostenía era el Señor.

Nuestro problema es que nos parecemos a las hermanas de Lázaro. Lloramos porque Jesús no hace lo que queremos y cuando lo queremos para evitarnos un dolor temporal. Sin embargo, lo que Él realmente prometió no es absoluta libertad del dolor aquí y ahora, sino un día, Su día en que ya no habrá más lágrimas, dolor, ni maldición (Ap 20 - 21). Por lo tanto, todo aquello que nos muestre o recuerde que no estamos hechos para durar aquí, sino con Él, como diría mi amigo y mentor Danny Akin. Todo aquello que te haga amar, depender, necesitar y clamar más a Dios es un regalo de gracia, sin importar cómo venga envuelto. Por eso Pedro dijo en una de sus cartas:

«*Así que alégrense de verdad. Les espera una alegría inmensa, AUN CUANDO TENGAN QUE SOPORTAR MUCHAS PRUEBAS POR UN TIEMPO BREVE.*

Estas pruebas demostrarán que su fe es auténtica. Está siendo probada de la misma manera que el fuego prueba y purifica el oro, aunque la fe de ustedes es mucho más preciosa que el mismo oro. Entonces su fe, al permanecer firme en tantas pruebas, les traerá mucha alabanza, gloria y honra en el día que Jesucristo sea revelado a todo el mundo.

Ustedes aman a Jesucristo a pesar de que nunca lo han visto. Aunque ahora no lo ven, confían en él y se gozan con una alegría gloriosa e indescriptible. La recompensa por confiar en él será la salvación de sus almas (1 P 1:6-9 NTV, énfasis mío).

Pau, la rubia (mi esposa), es una de las personas más piadosas que conozco porque puedo ver su deseo por estar ya cara a cara con Jesús por siempre. Mientras una de sus mejores amigas estaba prácticamente en estado terminal, Pau me decía que lloraban juntas enumerando las bondades de Dios, cómo le ha dado por momentos una paz y libertad del dolor sobrenaturales que no están vinculados con su enfermedad. Aunque el desgaste y dolor son obvios, ella ha podido experimentar a Dios de un modo que jamás imaginó. Su amiga le decía, «te voy a ganar, me va a tocar ver primero a nuestro Rey», y mi esposa le respondía, «me da envidia». Con los ojos llenos de lágrimas producto de una mezcla de dolor temporal, pero también de una esperanza eterna, recordamos que si hemos puesto nuestra esperanza en Jesús, entonces todavía no estamos en casa.

Todo éxito y placer no son más que una sombra temporal que apunta a una gloria más grande. Todo dolor es solo una falla de un sistema caído que nos hace anhelar la redención plena que nos espera en Cristo por siempre.

Por lo tanto, si experimentas alguna enfermedad física o mental debilitante, te animo a que tengas esperanza porque en medio de la noche más oscura, Jesús, la estrella brillante de la mañana, ya se asoma (Ap 22:16). Si nuestras debilidades nos apuntan a Él, podemos servir para que otros puedan compartir dicha esperanza. Entonces nada, absolutamente nada, habrá sido en vano.

Hay algo que Dios está haciendo en medio de la prueba, como lo dijo Pedro cuando habló de que la prueba de nuestra fe produce una mayor gloria (1 P 1:6-7). Sin embargo, Pablo habla de lo mismo, pero nos entrega algo más que Dios también está desarrollando hoy:

> *«Por lo tanto,* **ya que fuimos declarados justos a los ojos de Dios por medio de la fe, tenemos paz con Dios gracias a lo que Jesucristo nuestro Señor hizo por nosotros.**
>
> *Debido a nuestra fe,* **Cristo nos hizo entrar en este lugar de privilegio inmerecido en el cual ahora permanecemos, y esperamos con confianza y alegría participar de la gloria de Dios.**
>
> *También* NOS ALEGRAMOS AL ENFRENTAR PRUEBAS Y DIFICULTADES PORQUE SABEMOS QUE NOS AYUDAN A DESARROLLAR RESISTENCIA. *Y la resistencia desarrolla firmeza de carácter, y* **el carácter fortalece nuestra esperanza segura de salvación.**
>
> **Y esa esperanza no acabará en desilusión.** *Pues sabemos con cuánta ternura nos ama Dios, porque nos ha dado el Espíritu Santo para llenar nuestro corazón con su amor.*
>
> *Cuando éramos totalmente incapaces de salvarnos, Cristo vino en el momento preciso y murió por nosotros, pecadores.*

Ahora bien, casi nadie se ofrecería a morir por una persona honrada, aunque tal vez alguien podría estar dispuesto a dar su vida por una persona extraordinariamente buena; pero Dios mostró el gran amor que nos tiene al enviar a Cristo a morir por nosotros cuando todavía éramos pecadores.

*Entonces, como se nos declaró justos a los ojos de Dios por la sangre de Cristo, con toda seguridad él nos salvará de la condenación de Dios. Pues, **como nuestra amistad con Dios quedó restablecida por la muerte de su Hijo cuando todavía éramos sus enemigos, con toda seguridad seremos salvos por la vida de su Hijo.***

*Así que ahora podemos alegrarnos por nuestra nueva y maravillosa relación con Dios gracias a que **nuestro Señor Jesucristo nos hizo amigos de Dios***» (Ro 5:1-11 NTV, énfasis mío).

Al igual que Lázaro, si has puesto tu esperanza en Jesús, tú y yo somos, por la fe en Él, amigos de Dios. Si bien Dios tiene todo el poder para obrar un milagro, sanar o rehacer lo que a Él le plazca, finalmente Él es Dios y a nuestra alma lo que más le gusta es Él. Clama a Él, conócelo, camina junto a Él, porque esa es la única esperanza que no acabará en una desilusión.

El desafío: PERSEVERA/resiste. Si todavía hay aliento en tus pulmones es porque Dios aún no termina su obra contigo, no la termines tú. En medio del dolor, quejas, lágrimas y malos momentos, Dios no se ha espantado y te ha dejado. Él prometió que te llevaría a buen puerto (Fil 1:6), y ya sea de este lado del sol o del otro, lo verás a Su regreso o esperándonos con Él.

Tu dolor y debilidad tienen un límite, pero Su amor por ti es inagotable. Sé que hay momentos en que no lo sientes, pero también sabemos que la fe no está basada en sentimientos, sino en Su Palabra inmutable. Si en tu peor momento, cuando eras su enemigo y le menospreciabas, no te abandonó, ¿quién te vendió la idea de que Él te dejará en tu momento de debilidad? Él es el mejor amigo, el que da su vida por sus amigos (Jn 15:13). A diferencia de muchos amigos que nos pueden abandonar en la prueba y debilidad, Él no nos deja porque es fiel y no puede negarse a sí mismo.

El dolor te puede gritar que estás solo, pero recuerda que Jesús experimentó el abandono y sufrió lo indecible para que tú y yo jamás experimentemos verdadera soledad. Nuestra fe no está condicionada a esta temporada de debilidad, sino a Su fortaleza eterna y a sus hermosas promesas. Mañana podría hacerte mejorar el médicamento o tratamiento que estés probando, pero Dios no te va a fallar jamás, Su plan se va a cumplir y sabes... Él gana al final...y tú y yo con Él (Ro 8:28-30).

TÁCTICA 10

Este es un capítulo especial y por eso solo te pido que **transcribas** en tus propias palabras Romanos 5:1-11 y Salmo 5.

Activa tus alarmas para que te recuerden puntualmente los textos de este día, pues es de suma importancia recordar lo que te está diciendo Dios. Este es mi esfuerzo por que veas la provisión de Dios:

> *«Si tus enseñanzas no me hubieran sostenido con alegría,*
> *ya habría muerto en mi sufrimiento»*
> (Salmo 119:92 NTV).

Déjate sostener por Aquel que promete dirigirnos y encontrarnos del otro lado hoy y el resto de nuestros días de este lado del sol. Lo único que realmente necesitamos es a Dios. Bien dijo el salmista:

> *«Tu amor inagotable es mejor que la vida misma,*
> *¡cuánto te alabo!»*
> (Salmo 63.3 NTV, énfasis mío).

¡Nos leemos mañana!

No poder no es pecado, no creer, sí. Dios no confía en ti, confía en Él

«Después Jesús regresó a Jerusalén para la celebración de uno de los días sagrados de los judíos. Dentro de la ciudad, cerca de la Puerta de las Ovejas, se encontraba el estanque de Betesda, que tenía cinco pórticos cubiertos. Una multitud de enfermos —ciegos, cojos, paralíticos— estaban tendidos en los pórticos. Uno de ellos era un hombre que hacía treinta y ocho años que estaba enfermo.

Cuando Jesús lo vio y supo que hacía tanto que padecía la enfermedad, le preguntó:

—¿Te gustaría recuperar la salud?

—Es que no puedo, señor —contestó el enfermo—, porque no tengo a nadie que me meta en el estanque cuando se agita el agua.

Siempre alguien llega antes que yo.

Jesús le dijo: —¡Ponte de pie, toma tu camilla y anda!

¡Al instante, el hombre quedó sano! Enrolló la camilla, ¡y comenzó a caminar! Pero ese milagro sucedió el día de descanso»

(Jn 5:1-9 NTV).

———— ▬ ————

Hay una conversación natural que se da mientras caminamos con Dios, cuando entendemos que mucho del problema con la angustia, depresión, ansiedad o aflicción es porque lo que vemos está saturado de «lo que pasa», en lugar de fijar nuestra mirada en «Aquel que permite que pase». El Señor hace que todo pase con un propósito, para Su gloria y finalmente para nuestro bien. Adrian Rogers dice:

«No tienes que entender el porqué, cuando conoces el Quién».[24]

Esto es muy cierto porque el salmista anima a los creyentes a cantar adorando a Dios mientras van ascendiendo en peregrinación hacia Jerusalén:

«Levantaré mis ojos a los montes;
¿De dónde vendrá mi ayuda?
Mi ayuda viene del Señor,
Que hizo los cielos y la tierra»
(Sal 121:1-2).

Parte de nuestra frustración está directamente conectada con nuestra carne, nuestro orgullo que se resis-

---

[24] Adrianism. P. 34

te a la voluntad de Dios y cree que nuestra voluntad es mejor y que nuestros planes son los más idóneos. Jonás es la mejor representación de esa actitud en la Biblia. Su solicitud de que incluso Dios le quitara la vida era porque Dios no había hecho lo que el profeta esperaba cuando Dios decidió perdonar a Nínive.

Cuando sufrimos al no experimentar en el momento y en la forma lo que deseamos, estamos con la mirada enfocada en todo lo que nos pasa, es decir, experimentamos el fruto de no ver más allá lo que hay debajo del sol. Como ya lo comentamos, esta es la conclusión a la que llegó el hombre más sabio de la historia:

«*Nada tiene sentido—dice el maestro—, ¡ningún sentido en absoluto!*» (Ec 1:2 NTV).

Sin embargo, hay momentos, y si estás leyendo estas palabras sabes de lo que estoy hablando, que ni levantar la cabeza podemos. Es en esos momentos donde el Evangelio resplandece más al exaltar a Aquel que, incluso en nuestra debilidad e incapacidad, se acerca para hablarnos e intervenir en nuestras vidas.

El estanque de Betesda era conocido porque se decía que algo sobrenatural pasaba de vez en cuando y algunas personas eran sanadas. Esto había hecho que se volviera en un punto de reunión para enfermos de todo tipo. Uno en particular llevaba 38 años enfermo, toda una vida. En los tiempos en que Jesús estuvo entre nosotros no había todos los medicamentos y vacunas que permiten hoy tratar tantas enfermedades, por lo que el promedio y la calidad de vida de una persona no era como lo es hoy. Este hombre llevaba enfermo más tiempo del que Jesús llevaba después del pesebre que celebramos en Navidad. Justo esto nos recuerda cuatro cosas:

1. Dios es real.
2. Dios nos ama.
3. A Dios le importa.
4. Dios interviene.

Esto es justamente lo que este enfermo iba a experimentar a nivel físico. Me maravilla que Jesús tome la iniciativa porque parte del sentimiento que experimentan las personas deprimidas o ansiosas es la soledad. Dios nos muestras a través de la vida de Jesús que Él no es indiferente al sufrimiento y, en este caso, tampoco espera que este pobre paralítico vaya y le busque, sino que Él va al estanque donde estaba «a la espera» de un milagro elusivo y que por su propia condición le sería casi imposible alcanzar por sus fuerzas. Sin embargo, el hacedor de milagros vino a su encuentro y el Todo-poderoso lo fue a buscar en medio de su incapacidad.

Si has tenido una lesión que te incapacite o si sufriste de COVID-19 durante la pandemia, sabes bien lo que significa que tu cuerpo no responda, que sencillamente haya partes de tu vida a las que tu mente les dice algo, pero no hay respuesta. Bueno, este hombre llevaba 38 largos años incapacitado y ese día seguía esperando ese supuesto evento sobrenatural en ese estanque que hacía que el primer enfermo que entrara al agua fuera sanado. Si eres escéptico, yo sé que este tipo de narraciones milagrosas te causan problemas, pero desde mi propia experiencia como pastor, he sido testigo de milagros y sin necesidad de estanques. He hablado con doctores y gente de ciencia que después de ver algo que para ellos era «imposible» y al no tener modo alguno de articular la forma en que pasaron ciertas cosas, deben reconocer que se trata de un «milagro» inexplicable para la mente y la ciencia humana.

Si eres paralítico tienes un gran problema. Es obvio que un ciego o cojo van a ir más rápido que tú y salir sanos. Eso también pasa hoy. Muchas personas con problemas se enteran de que otros, incluso con problemas más grandes que ellos, ya no los tienen. Eso hace que crezcan en desesperanza y sigan a la espera de salir del lugar donde están atrapados.

La buena noticia es que Jesús te conoce, viene al lugar donde te encuentres y te habla.[25] En este caso, como el gran Consejero, va a tratar con ese hombre por medio de preguntas.

«¿Te gustaría recuperar la salud?», preguntó Jesús.

La respuesta normal sería un rotundo, «¡Síííí!» o «¡Por favoooor!» Pero cuando llevas 38 años incapacitado, tu mente está llena de razones por las que no puedes. Eso es justo lo que le responde a Jesús.

«Es que no puedo, señor—contestó el enfermo—, porque no tengo a nadie que me meta en el estanque cuando se agita el agua. Siempre alguien llega antes que yo».

Prestemos atención a lo que el paralítico ve y entiende:

- «No puedo»: Ya no es un tema de voluntad, es de capacidad.

---

[25] Si leíste «Una nueva vida, de Cristo en adelante», sabes de lo importante que es cuando Dios habla.

- «Porque no tengo a nadie que me meta en el estanque»: las causas por las que no puedo. En este caso: estoy solo (sensación común en depresión y ansiedad, ya sea circunstancial o por decisión errónea personal de alejar a todos los que te aman e incluso atacar para ahuyentar a quienes podrían ser de ayuda).
- «Siempre hay alguien que llega antes que yo»: Hay otros que sí lo logran, pero yo no.

Pero acaso le preguntó Jesús,

- «¿Por qué estás aquí?».
- «¿Puedes ser sano?».
- «¿Tienes a alguien que te ayude?».

¡No! Ni tampoco habló a su nivel de autoconmiseración y le dijo:

- «Ay! Pobrecito que nadie lo ayuda».
- «Verdad que es horrible esta gente enferma, si saben que tú ya llevas 38 años así, ¿no deberían ayudarte a salir ya de aquí?».

Siempre en la economía orgullosa, somos las víctimas y los que no nos aman, ayudan, escuchan o sirven como nosotros quisiéramos, son los malos de la pelícu-

171

la. Puedo imaginar a este paralítico amargadísimo con el ex-cojo porque justo cuando iba a entrar al estanque arrastrándose, el cojo se aventó antes».

Ante la excusa del paralítico, Jesús contesta: «—¡Ponte de pie, toma tu camilla y anda!» (Jn 5:8). En «Una nueva vida, de Cristo en Adelante»[26] decíamos que algo glorioso pasa cuando la creación responde y obedece a Su creador y algo terrible pasa cuando sucede lo contrario. Por ejemplo, la enfermedad y la muerte no eran parte del diseño original de Dios; sin embargo, son las consecuencias del pecado humano (Gn 1-3).

Es espectacular que ese Dios al que solemos menospreciar y olvidar venga a nuestro estanque, nos empiece a hablar e intervenga para nuestro bien y su gloria, los cuales están diseñados para ser sinónimos.

Es muy posible que el paralítico haya intentado algunas veces entrar al estanque, lo que se ha convertido en parte de su excusa. ¿Cuál es la tuya?

He encontrado mi propio corazón y el de otros pasando por tiempos de desiertos depresivos o tormentas de ansiedad, saturado de razones por las que no podemos avanzar, salir adelante, olvidar y ocuparnos de lo que tenemos que ocuparnos. Andamos lamiéndonos

---

[26] Capítulo 1.

las heridas y meditando en lo que no podemos ocuparnos o de nuestras responsabilidades incumplidas. Entendemos que no somos responsables de todo lo que nos pasa, pero sí debemos ser responsables de cómo respondemos a lo que nos pasa.

Jesús hace una pregunta sencilla, el paralítico da una respuesta elaborada, pero no responde la pregunta. Amo la compasión de Jesús que observamos en Mateo cuando nos dice en este único pasaje que Cristo Jesús mostrará de una manera clara los atributos de su persona y nos invita a imitarlo; manso/compasivo es uno de ellos y comunica que «sabe con quién está tratando».

«Vengan a Mí, todos los que están cansados[a] y cargados, y Yo los haré descansar. Tomen Mi yugo sobre ustedes y aprendan de Mí, que Yo soy manso y humilde de corazón, y HALLARÁN DESCANSO PARA SUS ALMAS. Porque Mi yugo es fácil y Mi carga ligera» (Mt 11:28-30).

El Señor nos dice que sabe de qué estamos hechos, se acuerda de que no somos más que polvo (Sal 103:14). Esto viene a romper toda esa narrativa humanista que se ha infiltrado y afectado tantos círculos evangélicos, la cual anuncia que «Dios cree en ti». Si estás leyendo

DIOS EN MIS DESIERTOS Y TORMENTAS

este libro, asumo que es posible que ya hayas tocado fondo lo suficiente como para entender que, si Dios creyera en nosotros, sería un dios muy ingenuo, simple y hasta fácil de engañar. Sería como la novia que tiene frente a sus ojos la evidencia que grita a todas luces que su novio la está engañando y abusa de ella a todos niveles, pero ella le cree cuando le dice que la ama y que va a cambiar.

Dios no cree en nosotros,
Dios cree en Dios,
en Su obra en nosotros.

Recuerda lo que hemos visto que es la vida cristiana, «No es lo que tú haces para Dios, sino lo que Él hace en ti, por medio de Cristo Jesús, para Su gloria». El paralítico iba a confirmarlo de manera tangible en su incapacidad física, como yo lo he experimentado desde que Dios me salvó en mi incapacidad emocional y es nuestro deseo que tú seas un testimonio más como el de este paralítico en tu vida y para muchas más personas.

Jesús le dijo, «Ponte de pie»: Cuando Dios dice que hagamos algo es porque Él hará lo necesario para que esa orden se haga realidad. Imagina la escena cuando el paralítico de pronto empieza no solo a sentir sus piernas, sino a experimentar que tiene la capacidad y la fuerza desde dentro para ponerse de pie. ¿Sabes?, a nivel emocional, no es muy diferente, y como vimos en «Una nueva vida, de Cristo en adelante», podemos ser libres de la ilusión de un evento futuro que cambie todo y descansar en conocer, aceptar, abrazar y responder al evento pasado que tiene el poder para cambiarlo todo: la persona y obra de Cristo Jesús.

«Toma tu camilla»: Era obvio que el lecho o camilla fue el accesorio donde el paralítico pasaba días y noches, confinado a esa pequeña litera. Incluso en esos intentos en que quizás se arrastraba para alcanzar «el milagro», volvía desilusionado una vez a su camilla, pensando ya en el siguiente «intento». Pero Jesús le dice, «tómalo, recógelo, porque ya no vas a regresar aquí». Ese ya no es tu lugar. Del mismo modo, la depresión y la ansiedad no están diseñadas para ser nuestro hogar (lo veremos más adelante al entender que nuestro hogar es Él y Su reino).

Es mi oración que mediante el poder de Aquel a quien estás conociendo y en quien estás meditando todo el día (no, no eres tú, ni lo que sufres, sino Jesús y lo que Él sufrió por amor a ti), puedas saber que tienes un hogar, entonces tomas tu camilla, y reconoces que si alguna vez vuelves al estanque, que sea para anunciar a otros paralíticos que hay esperanza en tu relación con Jesús y que te pones a disposición para todo aquel que cree.[27]

«Anda», un imperativo tan interesante. En esencia, lo que por años has querido, por fin ha llegado, el Señor te dice, «Yo no te hice para estar aquí mendigando milagros, "Yo soy" el milagro y vine a tu encuentro mientras te encontrabas en completa frustración e incapacidad, pero por mi Palabra hago posible lo que para ti era imposible: ¡andar!».

Una de las manifestaciones lamentables de la depresión y la ansiedad es que nos paraliza y otra de ellas, quizás la más peligrosa, es que nos «avienta» a realizar intentos ridículos por «salvarnos», para solo acabar lastimándonos más y hacerles daño a otros. Estimo mucho que el llamado esencial que Jesús nos hace es simplemente: ¡Sígueme!

No puedes seguir a alguien cuando no te puedes mover. Jesús viene a tu vida para hacer la obra, darse a conocer e invitarte a hacer Él en ti lo necesario y dándote el poder de hacer aquello que no solo salvará, sino sostendrá tu vida para siempre: ¡ANDAR CON ÉL!

---

[27] Para saber cómo se manifiesta creer/confiar en Dios, revisa el capítulo con ese tema en «Una nueva vida, de Cristo en adelante».

No sabemos cuál fue el destino de ese paralítico, si llegó a ser uno de los seguidores activos de Jesús o no. Solo sabemos que fue con los religiosos que perseguían a Jesús y se le advirtió que debía arrepentirse de sus pecados o le sucedería algo peor (Jn. 5:14). Amo a Jesús porque no se presenta como un dictador tirano que amenaza con duras consecuencias a su pueblo, sino como un Rey y amigo amoroso que realmente no quiere que suframos más por las consecuencias de nuestras malas decisiones. Él nos invita a vivir con sabiduría: en Jesús y Su voluntad (1 Co 1:30-31).

Jesús te pregunta: «¿Quieres ser sano?» Es posible que puedas dar todas las excusas, razones e historias que quieras, pero escúchale por medio del Espíritu Santo decirte:

«Levántate, toma tu camilla, tu condición actual no es tu hogar y anda conmigo.
Atte. Jesús».

TÁCTICA 11

Tema. Dios no cree en ti, Dios cree en Él y Su obra en tu vida, por medio de Cristo Jesús. No se trata de lo que puedes o no puedes hacer, sino de lo que Él, poderoso, quiere hacer en tu vida.

ATESORA.

«Jesús le dijo: "Levántate, toma tu camilla y anda» (Jn 5:8)

CORRIGE. ¿Cómo se vería un día de tu vida si en lugar de dar razones por las que no puedes «andar», creyeras y caminaras con Aquel que te ama, viene a tu «estanque» y te da el poder de andar con Él?

_____

_____

TRANSCRIBE. Escribe en tus propias palabras Juan 5:8. ¿Cómo se escucharía si fuera Jesús hablando de tu incapacidad hoy, pero invitándote a Él? Envíaselo a tu pastor o consejero para asegurarnos que lo aplicaste bien.

_____

_____

_____

INTEGRA. Registra tres aspectos personales reales que te caracterizarían si lo que estás conociendo de Dios fuera verdad para ti.

1. _____
2. _____
3. _____

CONFÍA. Activa tus alarmas del día para que te recuerden meditar Juan 5:8, tu transcripción de este y lo que has leído hoy.

ACTIVA. Registra tres momentos que pudiste corregir hoy con Dios sobre tu pensamiento de desesperanza y abandono, por fe en Cristo Jesús y qué acciones puntuales de amor a Dios y a otros realizarás:

1. _____
2. _____
3. _____

Un reino mejor. Ansiedad y temor es vivir hoy afectado por un mañana sin Jesús

*«Por tanto, **no se preocupen**, diciendo: '¿Qué comeremos?' o '¿qué beberemos?' o '¿con qué nos vestiremos?' "Porque los Gentiles (los paganos) buscan ansiosamente todas estas cosas; que el Padre celestial sabe que ustedes necesitan todas estas cosas. "Pero busquen primero Su reino y Su justicia, y todas estas cosas les serán añadidas»* (Mt 6:31-33 NBLA).

Ya entraste en la segunda mitad de tu primera vuelta en esta carrera juntos. Felicidades, debes saber que la mayoría de las personas no llegan aquí, incluyendo algunos aconsejados que dicen necesitar ayuda, pero no se comprometen con su parte requerida del compromiso. Si estás leyendo estas palabras, me queda claro que Dios te ha dado la fe y ha inclinado tu corazón para que perseveres. Sin duda el Señor honrará tu constancia, porque tú le honras al confiar que solo podrá salvarte una relación real con Él.

Estoy escribiendo este día luego de hacer una pausa de cuatro meses. Situaciones personales y ministeriales muy dolorosas hicieron que me detenga. Me gozo al saber que para Dios no hay sobras y usará todo para nuestro bien, lo cual es también para Su gloria.

Te voy a contar un secreto, pero no vayas a andar de chismoso, ¿eh? Mientras escribo, este año 2022, cumplo 11 años en el ministerio pastoral y cinco años más de servicio al Señor en otros ministerios. También los últimos ocho años he estado involucrado de manera muy significativa en el movimiento de consejería bíblica y por eso nuestro seminario tiene una inclinación importante a la consejería. Cada año tenemos el privilegio de enseñarles a cientos de hispanos sobre el arte de conectar lo que Dios dice en la Palabra con lo que permite que pase en la vida de las personas; es decir, Consejería Bíblica (solo una excusa más para discipular).

Esa experiencia me ha permitido encontrar los tres errores principales que he observado en pastores y consejeros que buscan realmente ayudar a las personas:

1. Caer en el engaño de atender las circunstancias, los hechos, en lugar de la condición del corazón que promovió esa situación.

2. Generar sesiones y tareas enfocadas en cambio de hábitos en favor del logro de objetivos, en lugar de discipular y así promover, enseñar y modelar «prácticas de Jesús», lo que muchos llaman disciplinas espirituales. Estas prácticas forman y sostienen a la persona en su vida privada, de modo que lo público solo sea una manifestación del fruto de lo que Dios hace en privado.

3. Menospreciar la oración. Es sorprendente la forma en que te das cuenta del lugar donde está el corazón de una persona al observar su vida de oración y conocer sus peticiones.

El error de los pastores y consejeros radica en que suponemos que el objetivo de la consejería es que las personas sean funcionales en sus propias vidas, en lugar de tener vidas fieles y enfocadas en el reino de Dios, el que realmente vale la pena y donde estamos llamado a habitar.

Es importante aclarar que, incluso en la economía bíblica, lo opuesto al miedo o la ansiedad, no es la confianza o el valor, sino tener una mentalidad consciente del Reino de Dios. En realidad, se trata de una batalla entre reinos y únicamente hay dos opciones, como lo dijo el mismo Jesucristo:

«*Nadie puede servir a dos señores; porque o aborrecerá a uno y amará al otro, o apreciará a uno y despreciará al otro. Ustedes no pueden servir a Dios y a las riquezas*» (Mt 6:24).

Si **la ansiedad es ver el mañana sin Jesús** presente, entonces es muy posible que sea porque nuestro reino temporal carece de la certeza del mañana en el reino humano. Bueno, la historia ha mostrado que a Dios le place quitar y poner reyes, tumbar y levantar imperios y derribar y edificar fortalezas. El Señor lo logra al usar hasta lo que el mundo aun menospreciaba. Sólo pregúntales a las grandes tiendas por departamentos si creían hace unos pocos años que la gente compraría desde sus casas por una cosa llamada Internet. La industria del cine tampoco creía que el 2020 sería un año que marcaría un inmenso cambio a la industria del entretenimiento porque promovería que las personas vieran contenido desde sus hogares por medio del *streaming*. Simplemente pregunta a la *NFL*[28] si hace 30

---

[28] *National Football League* de los Estados Unidos.

años creía que los *Patriots* de Nueva Inglaterra[29] serían una dinastía legendaria que marcaría toda una era del deporte.

Dios se complace en mover y sacudir aquello en lo que nos apoyamos, para llamar nuestra atención a Aquel en quien debemos apoyarnos y vivir: el Rey Jesús y Su reino. Veamos las palabras de Jesús que acabamos de leer en un contexto más amplio:

> «**Nadie puede servir a dos señores**; *porque o aborrecerá a uno y amará al otro, o apreciará a uno y despreciará al otro. Ustedes no pueden servir a Dios y a las riquezas. Por eso les digo, **no se preocupen por su vida**, qué comerán o qué beberán; ni por su cuerpo, qué vestirán. ¿No es la vida más que el alimento y el cuerpo más que la ropa?*
>
> Miren *las aves del cielo, que no siembran, ni siegan, ni recogen en graneros, y sin embargo, el Padre celestial las alimenta. ¿No son ustedes de mucho más valor que ellas? ¿Quién de ustedes, por **ansioso que esté, puede** añadir una hora al curso de su vida? Y por la ropa, ¿por qué se preocupan?* OB-

---

[29] Los *New England Patriots* han ganado 254 juegos desde 2000, la mayor cantidad en la NFL. Su récord en ese lapso de tiempo fue 254-99. Han llegado a los Playoffs 18 veces en las 22 temporadas. Desde el año 2000, el equipo ha ganado seis veces el *Super Bowl* (campeonato final de la NFL): 2001, 2003, 2004, 2014, 2016 y 2018.

SERVEN *cómo crecen los lirios del campo; no trabajan, ni hilan. Pero les digo que ni Salomón en toda su gloria se vistió como uno de ellos.*

Y SI DIOS ASÍ VISTE *la hierba del campo, que hoy es y mañana es echada al horno, ¿no hará Él mucho más por ustedes, hombres de poca fe?* POR TANTO, NO SE PREOCUPEN, DICIENDO: *'¿Qué comeremos?' o '¿qué beberemos?' o '¿con qué nos vestiremos?' Porque los Gentiles (los paganos)* BUSCAN ANSIOSAMENTE *todas estas cosas; que el* **Padre celestial sabe** *que ustedes necesitan todas estas cosas.*

Pero busquen primero Su reino y Su justicia, *y todas estas cosas les serán añadidas.* ***Por tanto, no se preocupen por el día de mañana;*** *porque el día de mañana se cuidará de sí mismo. Bástenle a cada día sus propios problemas»* (Mt 6:24-34 NBLA, énfasis añadido).

Es muy posible que alguien que está pasando por un desierto depresivo crea que no está batallando con la ansiedad, pero tengo que repetir que, en la economía de Dios, ambos problemas están en el mismo fracaso; son como un Duvalín.[30] El maestro de sabiduría nos muestra este aspecto doble; mira lo que dice Prov. 12:25 NBLA:

---

[30] Dulce tradicional mexicano con dos sabores presentados en dos colores (avellana y vainilla).

«La ansiedad en el corazón del hombre lo deprime,
Pero la buena palabra lo alegra»
(Pr 12:25 NBLA, énfasis mío).

Es mi anhelo que «la buena palabra», la de nuestro Dios bueno, pueda ir, como diría el salmista, cambiando tu lamento en danza, mediante la alegría que da el vivir y servir para un mejor reino (Sal 30:11).

Te invito a que le vuelvas a prestar atención a las palabras de Jesús que acabas de leer. De seguro habrás notado que empieza hablando justo de la importancia de detectar el reino al que estás sirviendo.

No hay más que dos reinos: el de Dios y cualquier otro. El reino de Dios opera de una manera tremenda y eternamente liberadora, mientras que cualquier otro reino de este mundo, incluyendo el nuestro, nos pagará con ansiedad, desesperanza, desánimo, angustia, y ruina.[31] La verdad es que cada mañana nos despertamos para atender y servir un reino. Pero cuando lo haces para el reino de Dios, el Señor te dice con absoluta autoridad:

«Por eso les digo: no se preocupen por su vida...» (Mt 6:25).

---

[31] Revisa el capítulo uno de «Una nueva vida, de Cristo en adelante».

¿Cómo puedo simplemente «no preocuparme» por mi vida? Bueno, simplemente cuando tu vida ya no es tuya, sino que le pertenece a Dios; es un principio sencillo de pertenencia absoluta. Sin embargo, si tu vida está en tus manos (predicación favorita del reino de este mundo, que promueve justo eso, que tu destino está en tus manos y tú eres su creador), es totalmente natural que estés ansioso, porque obviamente estás a cargo y todo depende de ti. Pero como hay cosas que no dependen de ti, eso atenta contra tu ídolo de control absoluto y derriba todo ese castillo de naipes que has construido alrededor de ti como prueba de tu reino, dejándote expuesto y a la deriva de las circunstancias, que han mostrado superarte (más no a Dios).

Pablo había aprendido a derribar su reino personal y a no depender de ningún reino humano. Por eso se atrevía a expresar como una verdad total en su vida:

> «*Con Cristo he sido crucificado, y **ya no soy yo el que vive, sino que Cristo vive en mí**; y la vida que ahora vivo en la carne, la vivo por la fe en el Hijo de Dios, **el cual me amó y se entregó a sí mismo por mí**»* (Gá 2:20 NBLA, énfasis añadido).

Tu vida no te pertenece y ya no vives tú, sino ahora Cristo vive en ti, si es que has rendido tu vida al señorío de Cristo. El mismo Hijo de Dios, quien te amó y se entregó por ti, es el mismo que puede hacerte ver en medio de las circunstancias que enfrentas hoy, que lo doloroso que puedas estar pasando puede ser una consecuencia para que te vuelvas a Él o es una situación que Dios preparó de antemano, nunca para tu destrucción, sino para tu santificación (hacerte más parecido a la imagen de Jesús, mediante la obra del Espíritu Santo). Te llenarás de una engañosa confianza o terrible ansiedad cuando tengas tu vida en tus manos, pero en Sus manos, te llenará de Jesús, el Príncipe de paz (Is 9:6).

Llegué a jugar en las inferiores de un famoso equipo del futbol mexicano en 1997. Ese equipo se ha caracterizado en las últimas décadas por llegar a finales y perderlas (no importa cuando leas esto, creo que eso seguirá siendo tendencia). Firmé un contrato que, en esencia, decía que mis piernas le pertenecían a dicho club. Si algún otro club quería que jugara para ellos, debería pagarle a este equipo el equivalente a $1,000 USD. Por el tiempo de mi contrato, esa institución deportiva se encargaba de darme uniformes, viajes y velar por mi mantenimiento, ya que servía a su equipo.

No solo eso, sino que si me lesionaba, ellos tenían todo el equipo y personal para apoyarme y lograr mi recuperación.

Bueno, durante una cascarita[32] en el bachillerato, me esguincé el tobillo de manera importante. No debí haber jugado ese partido porque mis piernas le pertenecían a este equipo, que desde ese año no ha ganado un campeonato de liga. Mi familia no tenía los recursos para la atención médica, el equipo me daba el equivalente a quince dólares a la semana para todos mis gastos y es evidente que eso no incluía atención médica. Pero mis piernas le pertenecían a este equipo, por lo regresé al club y me llevaron de inmediato con los doctores. Me atendieron unos especialistas y fueron supervisando poco a poco mi recuperación, algo por lo que aún hoy estoy muy agradecido.

Si tu vida le pertenece a Cristo y sirves a Su reino, tú ya tienes dueño, fuiste comprado por precio, el precio de la sangre derramada por tu Salvador en un madero. Ya no tienes que pelear solo, perteneces al equipo que tiene garantizado el campeonato y que tiene recursos poderosísimos y eternos para ayudarte en tu proceso de rehabilitación total del alma. Deja ya de andar «ju-

---

[32] Partido informal en tiempo de recreo.

gando informalmente» sirviendo a otros reinos que no permanecen. Vuelve a tu dueño y ríndete a Su cuidado. Créeme, Él sabe... bueno, dejemos que el mismo Señor Jesucristo nos diga lo que sabe.

El Señor nos recordó que la vida es mucho más que las cosas temporales que nos preocupan. Jesús, al ser un maestro excelente, nos enseña por medio de ilustraciones y nos dice que miremos las aves del cielo y que observemos como crecen los lirios del campo. Una agenda saturada nos roba la posibilidad de prestar atención a la creación que tiene tanto que enseñarnos (Pr 1-3). Estamos tan alejados de la creación en nuestro tiempo que es importante destacar que Jesús no se refiere a aves exhibidas en zoológicos o mascotas caseras, tampoco de lirios en jardines o invernaderos, sino de aves del cielo y los lirios del campo que están siendo cuidados de manera pródiga por el mismo Dios.

Nunca he visto un ave silvestre con tic nervioso producto de la ansiedad que le produce no saber cómo va a pagar la renta del próximo mes, o qué le dará de comer a sus polluelos. Tampoco he observado a un lirio haciendo cuentas para hacer cuadrar su presupuesto y tener los recursos suficientes para crecer un poco más y lucir colores más vistosos la semana siguiente.

Te invito a recordar los dos primeros capítulos de «Una nueva vida, de Cristo en adelante», en donde mostré una formula sumamente clara:

Dios dice - la creación responde / obedece - todo termina siendo bueno.
Dios dice - la creación rechaza – muerte.

Bueno, las aves y los lirios tienen en común que no les han enseñado ni tampoco han sido engañadas con la idea absurda de que son autosustentables y creadores independientes de su propio destino, como si fueran los dueños de su historia. Ellos entienden que son creados y operan dentro del reino de Dios. Ellos vuelan en los cielos y al amanecer bajo la premisa que exalta el salmista:

> *«Los cielos proclaman*
> *la gloria de Dios*
> *Y el firmamento anuncia*
> *la obra de Sus manos»*
> (Sal 19:1 NBLA, énfasis añadido).

Nuestro problema radica en que estamos con la mirada fija, tanto en nosotros como en lo que nos pasa, hasta el punto en que lo único que vemos son las limitaciones de nuestro reino y lo temporal y pobre de nuestras fuerzas. Si sumamos a eso el fruto frecuente de nuestra necedad probada, entonces el resultado es obvio: afanados por hacer para poder sobrevivir (opuesto a cómo viven las aves) y muy preocupado por lo que el vestido y la apariencia (opuesto a los lirios, que incluso lucen mejor que reyes en su máximo esplendor). Mira la gloriosa comparación y como Dios nos ve de acuerdo con lo que dijo Jesucristo:

- *Valiosos/apreciados* (Mt 6:26).
- *Diseñados para estar siempre con Él* (Mt 6:30).

Si Dios nos ve de esa manera, ¿cuál es la razón por la que en vernos a la luz de nuestras preferencias o de las expectativas que otros seres también creados tienen de nosotros?

Hablaba con una persona que batalló por años con su sentimiento de incapacidad, torpeza e inutilidad. Ella me decía que esa percepción de sí misma era fruto de la narrativa con que su mamá y hermana la criaron. Eso me hizo pensar que es muy interesante la forma en que nuestro reino opera con base en el tono que otros reinos temporales nos dictan. Eso hace que acabemos con una sensación de incapacidad, culpa, vergüenza y derrota.

Pero todo cambia al volver, conocer y habitar en el reino de Dios. Sí, somos incapaces, pero nuestro Papá es Todopoderoso; sí, somos torpes, pero nuestro Rey es el Único y Sabio Dios (Jud 1:25); sí, podemos no ser muy apreciados por este mundo, pero somos muy amados por el Creador de este mundo. Si Dios sostiene a las aves y hace crecer y lucir hermosos a los lirios, considera entonces lo que Jesús dice a continuación:

«¿*no HARÁ ÉL MUCHO MÁS POR USTEDES*, **hombres de poca fe?**»
(Mt 6:30 NBLA, énfasis añadido).

Según el Rey Jesús, el problema no es lo que crees que te falta, sino que te falta creer. Te falta fe. No tienes muchos problemas ni demasiadas heridas, tienes poca fe. Te enfocas más en tus heridas sin propósito, que en las heridas que sufrió Jesús en la cruz para salvarte y sacarte del reino de las tinieblas al reino de Su luz. Él nos compró y nos dio una ciudadanía nueva para anunciar Sus virtudes (1 P 2:9).

Parte del engaño que produce la depresión o la ansiedad es que vivo creyendo que existo para anunciar mis virtudes y habitar en mi paz. El resultado solo arroja un reino de tinieblas y mi necesidad de volver al Rey Jesús, rendirme a Él, conocer y habitar en Su reino, mientras le veo hacer más en mí de lo que hace por las aves y los lirios. Yo mismos decidí hacerlo hace 17 años y puedo dar fe y constancia de que Dios ha hecho mucho más de lo que he pedido o entendido (Ef 3:20-21).

¿Todavía batallo, paso por el desierto depresivo o tengo momentos de ansiedad? Sí, de este lado del sol siempre vendrán aflicciones y pruebas, pero ya sé que la clave no es resolverlo todo, sino buscar, volverme, confiar, amar, y rendirme al Rey, cuyo reino es, «... justicia, paz y gozo en el Espíritu Santo» (Ro 14.17).

Una de las lecciones más grandes que Dios me confirmó mientras escribía este libro, en el año COVID 2020, es:

Dios no me llama a resolver,
me llama a creer;
no me llama a entender todo,
sino a confiarle y reconocerle en todo.
Al final del día soy Suyo,
Él es mi Papá...
no soy un huérfano de este universo.
Pertenezco a Su familia,

me ama y soy valioso para Él,

y hecho para estar con Él por siempre.

Por eso me encanta cómo terminan las palabras que hemos estado leyendo del Rey Jesucristo:

«*Porque los Gentiles (los paganos)* BUSCAN ANSIOSAMENTE *todas estas cosas; que* EL PADRE CELESTIAL SABE QUE USTEDES NECESITAN *todas estas cosas. Pero* BUSQUEN PRIMERO *Su reino y Su justicia, y todas estas cosas les serán añadidas. Por tanto,* NO SE PREOCUPEN POR EL DÍA DE MAÑANA; *porque el día de mañana se cuidará de sí mismo. Bástenle a cada día sus propios problemas*» (Mt 6:32-34 énfasis añadido).

Uno va a buscar el reino al cual pertenece. Los gentiles ajenos a Dios buscan ansiosamente asegurarse aquí, ahora y para su propio bienestar, pero quienes tenemos por Padre al Señor, buscamos primero Su reino y su justicia porque sabemos que le agrada. Sabemos que nos ama, somos valiosos para Él y provee lo que necesitamos cuando buscamos primero Su reino. No se trata de lo que se nos antoja o queremos en el modo y tiempo en que lo demande nuestro pequeño reino personal. ¿Qué es lo que necesitamos? Más de Él, ser hechos más a la imagen de Jesús. Por lo tanto, como

me enseñó Danny Akin, mi amigo y Presidente de mi
alma mater:

> *«Todo lo que llegue a tu vida, que te haga buscar, depender y
> acercarte más a Dios, es algo bueno, sin importar si la envoltu-
> ra no nos gusta».*

Dios permitirá lo que sea necesario en tu reino para
que te des cuenta de que hay un solo reino en el que
vale la pena permanecer y para el cual estás creado:

El reino de Dios;
¡búscalo!

Si la ansiedad es visualizar un mañana sin Jesús,
entonces las palabras de Jesús tienen mucho sentido,
«Por tanto, no se preocupen por el día de mañana; porque el día de mañana se cuidará de sí mismo. Bástenle
a cada día sus propios problemas» (Mt 6:34).

Dios nunca ha prometido que, de este lado del sol,
habrá ausencia de problemas. Nunca le verás o escucharás consolando a nadie diciéndole, «no te preocupes, te voy a sacar de allí de inmediato». Por el contrario, accedemos a Su gracia al buscar su reino y así
caminamos de Su mano por los problemas de hoy. Él

promete que nos acompañará también mañana cuando lleguen sus respectivos problemas. Por lo tanto, la vacuna contra el afán no empieza con la ausencia de problemas o amenazas, sino con la certeza de que pertenezco al Rey y soy parte de su reino, el cual es más grande que cualquier problema y más inmensamente poderoso que cualquier amenaza.

Dios no solo dice «no estés ansioso», sino que te muestra la razón por la cual no puedes estarlo; Dios te ama y te está invitando a Su reino. Cuando te rindes a Él, puedes saber que incluso si lo que hoy pasa no tiene sentido a tus ojos, lo tiene a Sus ojos. Como veremos mañana, Él ve mucho más de lo que tú y yo podemos captar y entender hoy. Él es eternamente bueno y Rey Soberano. Su reino es mejor y decimos con Isaías:

> *«Y ahora, SEÑOR, Dios nuestro, líbranos de su mano para que todos los reinos de la tierra sepan que solo Tú, oh SEÑOR, eres Dios» (Is 37:20).*

TÁCTICA 12

TEMA. ¿Qué te estás diciendo? De la abundancia del corazón, hablamos. Debes tener mucho cuidado con quien hablas y, sobre todo, contigo mismo, porque nadie te habla más, que tú mismo.

¿Te dices lo que ves o lo que Dios dice? Esta es una clave del proceso para vivir desde la verdad y la victoria, pero no solo para «salir de esto» y en conversación engañosa sobre lo temporal.

#BuscandoPrimeroSuReino

ATESORA.

«Por tanto, no se preocupen, diciendo: '¿Qué comeremos?' o '¿qué beberemos?' o '¿con qué nos vestiremos?' Porque los Gentiles [los paganos] buscan ansiosamente todas estas cosas; que el Padre celestial sabe que ustedes necesitan todas estas cosas. Pero busquen primero Su reino y Su justicia, y todas estas cosas les serán añadidas» (Mt 6:31-33 NBLA).

CORRIGE. ¿Cómo se vería un día en tu vida sin que estés preocupado, sino buscando el reino de Dios y sin tratar de entender y consolidar el tuyo?

_____

_____

_____

TRANSCRIBE. Escribe en tus propias palabras Mateo 6:31-33 y envíalo a tu pastor o consejero para asegurarnos que lo aterrizamos bien.

_____

_____

_____

INTEGRA. Registra tres características que habría en tu vida si lo que estás conociendo de Dios fuera verdad para ti.

1. _____
2. _____
3. _____

CONFÍA. Activa tus alarmas del día para que te recuerden meditar en el pasaje de Mateo, tu transcripción y lo que has leído hoy.

ACTIVA. Registra tres momentos que pudiste corregir hoy delante de Dios con respecto a tus pensamientos de ansiedad, preocupación o temor, por fe en Cristo Jesús y qué acciones puntuales de amor a Dios y a otros has podido realizar:

1. _____

2. _____

3. _____

Una relación mejor. Mi Papá es mejor...

*«Por tanto, **no se preocupen**, diciendo: '¿Qué comeremos?' o '¿qué beberemos?' o '¿con qué nos vestiremos?' Porque los Gentiles (los paganos) buscan ansiosamente todas estas cosas; **que el Padre celestial sabe** que ustedes necesitan todas estas cosas. Pero busquen primero Su reino y Su justicia, y todas estas cosas les serán añadidas»* (Mt 6:31-33 NBLA, énfasis añadido).

————————•————————

Estoy consciente de que este capítulo puede llegar a ser bastante difícil de digerir, sobre todo sabiendo que cada generación, como consecuencia del pecado que afecta a las familias, está creciendo con un mayor número de personas que no tienen papá o, en algunos casos, donde el papá fue sumamente disfuncional. Esto puede hacer más gloriosa para ti la invitación a conocer a nuestro Papá celestial, al cual puedes ir en su búsqueda cada mañana, y saber que por medio de lo que hizo Jesús, puedes acceder con confianza a Él.

Ayer veíamos este mismo pasaje con las palabras de Jesús registradas en el Evangelio de Mateo. Uno de los atributos que Jesús utiliza para hablar de nuestra esperanza en contra de la ansiedad y el temor/afán es saber que Dios es nuestro Padre y conoce perfectamente lo que necesitamos.

De seguro recuerdas que uno de los errores más comunes de pastores y consejeros es menospreciar la oración, ¿cierto? Bueno, en el modelo de oración que enseñó Jesús mismo, Él destaca el mismo atributo revolucionario para el oyente judío convencional, pero totalmente natural y acorde con la persona y narrativa de Dios. Dios hace referencia a cómo nos ve, trata y cuida, pero sobre todo como nos creó para relacionarnos con Él, no para tener una relación distante e indiferente, sino cercana y familiar. Incluso ya se vinculaba el «no temas» con la realidad de la relación Padre e hijo que Dios nos ofrecería más adelante en Cristo.

«Entonces yo les dije: 'No TEMAN ni les tengan miedo. EL SE-ÑOR SU DIOS, QUE VA DELANTE DE USTEDES, EL PELEARÁ POR USTEDES, así como lo hizo delante de sus ojos en Egipto y en el desierto, donde has visto cómo el SEÑOR tu Dios te llevó, como un hombre lleva a su hijo, por todo el camino

que anduvieron hasta llegar a este lugar» (Dt 1:29-31 NBLA, énfasis añadido).

Veamos un poco de contexto para sacarle más jugo a esta enseñanza. Deuteronomio significa «la repetición de la ley». Me maravilla la forma en que la Biblia está diseñada por un Dios que, además de crearnos sabe que aprendemos por repetición y que necesitamos ver las cosas una y otra vez para poder adentrarlas al corazón. Por eso pareciera que repetimos porciones de la Biblia que lucen «parecidas a otras», así como repetimos lecciones que pareciera que no aprendimos en su momento y requiere que las volvamos a ver. Lo que pasa es que somos prontos para olvidar y distraernos y por eso Dios nos regala la repetición necesaria para que podamos volver a enfocarnos.

Deuteronomio empieza con un relato donde se le recuerda al pueblo parte de su historia, cómo Dios les libró de Egipto, les guió por el desierto y les llevó a los límites de la tierra prometida. Desde allí enviaron espías para explorar la tierra, los cuales, al volver, trajeron reportes de ánimo y apuntaron a la bondad de Dios:

*«Entonces tomaron en sus manos del fruto de la tierra y nos lo trajeron; y nos dieron un informe y dijeron: Es una **tierra buena que el Señor nuestro Dios nos da**»* (Dt 1:25 NBLA, énfasis añadido).

Sabemos que los de las buenas noticias fueron Josué y Caleb, porque el problema con los otros diez espías fue que únicamente hablaron de los problemas que percibieron en el lugar. Justamente ayer hablamos de la importancia de lo que te dices, pero Dios nos habla desde los tiempos del Antiguo Testamento de la importancia de las voces que escuchamos. En este caso, el mismo evento, momento y desafío luce igual para diez de ellos, lo que los hace comunicar que tienen por delante algo terrible e imposible de lograr. Por el contrario, solo dos hablan de lo bueno que viene, principalmente porque se enfocan en que Dios ya se los ha dado.

El problema radica en que el pueblo le creyó y prestó más atención a los diez cobardes cuya perspectiva hacía que se sintieran incapaces de superar la tarea, mientras que los dos valientes no se estaban mirando a sí mismos, sino que tenían a un Dios que superaba cualquier desafío que hubiera por delante.

La historia no ha cambiado mucho. Si sabes hoy lo que es el desierto depresivo o la tormenta de ansiedad, tú sabes que lo que gobierna tu percepción va a alimentar tu propia conversación y, en consecuencia, tu entendimiento.

Es común, aunque es único para la persona que lo batalla, escuchar decir algo como esto a quienes están afectado: «yo no puedo creer en un Dios que me _____ (y citan algo que «les quitó» Dios, permitió que les pasara o no fue concedido). Esto es lo mismo que los israelitas cuando empezaron a quejarse a escondidas en sus tiendas, diciendo: «Por qué el Señor nos aborrece, nos ha _____».

Dios no había mostrado más que bondad para con ellos, escuchando su clamor, rescatándoles con poder y sin que ellos necesitasen mover siquiera un arma o desarrollar una estrategia militar. Sin embargo, ante el cobarde reporte de diez de los espías, su lectura casi inmediata es que Dios es malo, injusto y lo que ha decidido es en contra de ellos.

Hace unos años, un miembro de la iglesia que pastoreo esperó con mucha paciencia a que terminara de saludar, atender y despedir a las personas que se acercan cada domingo al final del servicio. Cuando por fin pude prestarle atención, la conversación tomó el siguiente curso:

—Pastor, ¿tiene un minuto?

—Sí, dime.

—¡Ya no puedo más! No puedo dormir, estoy mal y necesito ayuda. Hace unos años secuestraron y mataron a mi papá. Desde entonces, yo creí poder sobrellevarlo, pero ya no puedo. Durante mucho tiempo el timbre del teléfono me ponía mal, porque por meses esperé que sonara para tener noticias que me ayudaran a conocer el paradero de mi papá. Necesito ayuda.

Como podrás imaginar, esa no es una situación personal que se pueda resolver en una charla de pasillo al final de un largo domingo. Lo cité en los próximos días para tener una cita en mi oficina y así empezar un proceso de consejería bíblica que terminaría regalándome el poder ver a Dios haciendo el milagro de convertir un Deuteronomio 1:27 en Romanos 8:28-30. En este caso significó ver a alguien que, en esencia, estaba enojado con Dios porque le «quitó a su papá», encontrarse con su Papá celestial y que pueda saberse no solo lo amado que era, sino lo libre que podía ser por medio de esa relación con su Padre celestial.

Mau se comprometió durante ese tiempo con el proceso y con la realización de todas sus tareas. Cuando llegamos a la tercera sesión, entró a mi oficina y me dijo:

— Ya sé por qué Dios se llevó a mi papá.

— ¿Ah sí? Dime.

— Sí, gracias a lo que me dejaste para leer y la tarea esta semana, pude entender que Dios se llevó a mi papá para poder salvarme. Yo no estaría aquí si no fuera por ese suceso tan doloroso. Me di cuenta de que mi papá era dios para mí. Él era a quien yo quería agradar porque era mi héroe. Él era a quien buscaba cuando tenía un problema, mi seguridad y mi confianza. En esencia, todo lo que es Dios.

Él pasó a narrarme como su papá, quien era un hombre piadoso, ocupaba en su corazón el lugar que solo Dios está diseñado para ocupar. El Señor, en Su providencia, tuvo a bien llamar a Su presencia al papá de Mau, porque era lo que activaría en él la desesperación por encontrarse con la realidad de que había un Papá mejor y Eterno, nuestro Dios y Señor (Is 9:6).

Te compartiré, con su permiso, el testimonio que le pedí que escribiera al finalizar el proceso (fue escrito en 2018). Allí podrás lo que Dios hizo en medio de lo que considero uno de los tres eventos más traumáticos que puede sufrir una persona.

¡Del secuestro a la libertad!

Hoy, hace seis años **perdí a mi papá** en un secuestro en México. Fue la peor experiencia de mi vida. Después de este acontecimiento me quedé sin esperanza, me empecé a llenar de odio, frustración, enojo, tristeza, dolor, sufrimiento, impotencia y sentimientos de venganza. **No entendía cómo Dios podía permitir un sufrimiento tan grande en una familia como la mía**, honrada, trabajadora y que hace bien a la sociedad. Tampoco podía entender cómo puede existir gente capaz de dañar a alguien que jamás te ha hecho mal por un fin económico.

Recuerdo que un pastor en mi iglesia en esos momentos tan difíciles me dijo que los propósitos de Dios son más grandes que el sufrimiento y la injusticia por la que podíamos estar pasando. Obviamente esas palabras jamás las comprendí hasta el día de hoy. No lo entendía, mi capacidad no daba para entender esas palabras. No solo mi papá quedó secuestrado, nosotros también como familia en este mundo de sentimientos.

Pero **Cristo cambió mi vida**. Hoy puedo comunicar esto a ustedes con gozo en mi corazón, con alegría, **no fue fácil el haber cruzado por este desierto**, pero Dios en todo momento me sostuvo. Fueron cinco años luchando con estos sentimientos, sin entender nada, pero en un instante Cristo me cambió, sanó mi alma, me dio esperanza, me confortó, me animó a seguir adelante, me dio un propósito y transformó mi corazón.

Si yo no hubiera atravesado por esta situación posiblemente jamás lo hubiera conocido como hoy puedo hacerlo.

No puedo comunicar todo lo que quisiera expresar derivado de esta experiencia, pero lo más importante es que **no importa lo que sea por lo que estés atravesando el día de hoy, en Cristo hay esperanza**, como seres humanos tenemos la tendencia a atacar y a criticar sin conocer, pero ahora que lo conozco puedo decirte que no hay nada mejor que Él, nada ni nadie en esta vida te va a dar el gozo que Cristo puede dar, solo en el podrás encontrar felicidad, plenitud, gozo y el propósito de tu vida.

Él nos creó con un diseño específico y es que al amarlo, comprometerte con Él, obedecerlo y alabarlo, en esa medida y aunque sé que no podrás entenderlo ahorita tú, vas a encontrar la satisfacción, que ni el dinero puede darte, ni una pareja, ni tu mamá, tampoco tu papá, ninguna empresa, título o posición. No importa en qué tengas puesta la esperanza, si no es Cristo, tu felicidad será solamente temporal, pasajera y efímera.

Cristo dijo en Juan 4:14, «el que beba del agua que Yo le daré, no tendrá sed jamás, sino que el agua que Yo le daré se convertirá en él en una fuente de agua que brota para vida eterna».

Ahora como Cristiano, hijo de Dios, puedo descansar en una esperanza eterna, saber que un día voy a encontrarme con mi Creador y como dijo el apóstol Pablo, «Porque para mí el vivir es Cristo, y el morir es ganancia» (Filipenses 1:21).

Ahora disfruto de una vida plena en Cristo, con mi esperanza puesta en Él, lleno de gozo y alegría y con la convicción de que todo es para su gloria.

#CRISTOESMEJOR.

El proceso de consejería, que para el mundo secular lucía como una atención a alguien con PTSD/EPT,[33] en realidad era un proceso en donde alguien que había quedado sin papá terrenal tendría que vivir, producto de conocer a su Padre Eterno. Es asombroso cuando te das cuenta de que todo lo que tu alma anhela de un papá y más allá existe y en Dios es posible acceder a ello.

¿Qué buscas?

---

[33] Trastorno de estrés postraumático, teoría de procesamiento emocional.

Cuidado/seguridad_____

Dirección y propósito_____

Identidad_____

Integridad/fidelidad_____

Provisión_____

Amor/ternura_____

Valor/fuerza_____

Justicia_____

Confiabilidad_____

Perdón_____

Podría añadir mucho más, pero mi anhelo es que junto con este libro, tu oración y tu acción perseveren en querer conocer a Dios como Papá por medio de Su Palabra.

Existe un valor inmenso en el pedido que le hacen los discípulos a Jesús para que les enseñe a orar (Lc 11:1-13). Este pasaje parece perfectamente diseñado para que esa porción aparezca justo después del pasaje donde Jesús le habla a una persona ansiosa, su amiga[34], por cierto, y le dice:

---

[34] Te debe dar ánimo el saber que puedes ser amigo de Jesús y dejar de experimentar lo que no estás diseñado a ser cuando pones la vista en lo que pasa, en lugar de con quién andas.

*«Marta, Marta, **tú estás preocupada y molesta por tan-**
tas cosas; pero UNA SOLA COSA ES NECESARIA, **y María ha**
escogido la parte buena, la cual no le será quitada» (Lc
10:41-42 NBLA, énfasis añadido).*

Jesús nos dice que lo opuesto a estar preocupado no
es estar cómodo o temporalmente tranquilo, sino que
es estar con Jesús, lo cual incluye el escuchar Su Palabra (Lc 10:39). Pero lo mejor es que Dios nos dice que
se trata de una ELECCIÓN. No está condicionado a lo
que veo o siento, sino a lo que amo, es decir, el lugar a
donde se inclinan mis afectos. María (hermana de Marta) nos enseñaría que uno se ajusta y escoge lo que más
ama, ya que ama lo que más le importa.

Hay muchas cosas que este mundo te dice que debes de atender, pero solo una es buena y necesaria y,
mejor aún, no la puedes perder. Atender a Jesús es
muy diferente a todas las cosas que nos ponen ansiosos
y que este mundo ofrece sin descanso, pero que terminan siendo muy inseguras porque pueden desaparecer
en un instante por hurto o perdida (personas, posiciones o placeres).

Justo después de esa palabra tan especial para los
ansiosos, o como diría mi abuelito para los «nerviosi-
tos», los discípulos le piden a Jesús que les enseñe a

orar y al hacerlo empieza a referirse a Dios como lo que tanto anhela nuestra alma: Papá.

> « El les dijo: "Cuando oren, digan:
> **Padre**, santificado sea Tu nombre.
> Venga Tu reino.
> Danos hoy el pan nuestro de cada día.
> Y perdónanos nuestros pecados,
> Porque también nosotros perdonamos a todos los que nos deben.
> Y no nos metas [no nos dejes caer] en tentación"»
> (Lc 11:2-4 NBLA, énfasis añadido).

Desglosemos la gloria de una oración tan aparentemente simple pero hermosa y completa:

- **PADRE:** el mismo Padre que llevó a los hebreos por el desierto rumbo a la tierra prometida, es el mismo Padre que nos conoce, ama y quiere llevarnos a Él por siempre, nuestra tierra prometida.[35]

---

[35] La versión en Mateo añade el «nuestro» para comunicar que se trata de una familia y una comunidad. No es una fiesta de lobos solitarios, sino un rebaño que tiene un Pastor; una familia que tiene un Papá, criaturas que se han vuelto a Su creador.

La primera petición es la que más nos importa:

- **SANTIFICA TU NOMBRE:** en especial que Jesús nos enseña a orar y no aparece una petición primero por bienestar, sino en favor de la santidad de Dios conocida y exaltada. Muy del tono «buscar primero Su reino», Jesús nos modela cómo luce en el corazón y luego en la oración cuando el nombre de Dios y Su reino se establecen como prioridad.

- **VENGA TU REINO:** no es «arregla el mío», sino «quiero el Tuyo». Siempre sugiero a personas a las que percibo que Dios está llamándolos ya muy de cerca, que oren y digan:

«Dios, si eres real abre mis ojos para que pueda verte y conocerte. Haz lo que tengas que hacer para que eso pase. Por favor, en el nombre de Jesús. Amén».

No he visto a una sola persona que haga esa oración con un corazón sincero, a quien Dios no le regale justo lo que pidió. Es más, quizás estás leyendo estas palabras porque Dios lo permitió y hoy estás más consciente de lo necesitados que estamos del Señor.

- **DANOS EL PAN NUESTRO DE CADA DÍA:** vivimos en una era privilegiada, en la que muchos tenemos despensas o lugares para almacenar comida. Pero en el contexto bíblico y desde los tiempos del Éxodo, parte del diseño de la relación de Dios para con su pueblo era de una dependencia diaria de Su mano, incluyendo la provisión de alimento.

La ansiedad es, en parte, la incertidumbre del mañana. Jesús nos vacuna en contra de ese tipo de ansiedad a través de la oración que nos enseñó. Él nos recuerda que Dios ha sido fiel con su pueblo en el pasado, con nosotros no ha cambiado y mañana no será la excepción. La confianza viene de saber que mañana Jesús sigue siendo el mismo y te ama.

- **Y PERDÓNANOS NUESTROS PECADOS, PORQUE TAMBIÉN NOSOTROS PERDONAMOS A LOS QUE NOS DEBEN:** es revelador que, en una oración que está diseñada para ser pronunciada diariamente (porque comemos el «pan de cada día»), se incluya la solicitud por el perdón de Dios conectado directamente con el perdón que dispensemos a los que nos ofenden o fallan.

Perdonar significa «soltar» en la Biblia. Lo que estamos haciendo literalmente al perdonar es «borrar a la persona de nuestra lista de deudores» y ya no ocuparnos más de esa «cuenta». La única manera de llevar el proceso y decidirnos por el perdón (ojo, son las dos) es con Dios, porque perdonar no es tan fácil, es imposible sin Dios.

El perdón de Dios es el único modelo sano que tenemos de perdonar. Sabiendo todo lo que hemos sido, hecho, deseado y pensado, cuando nos humillamos y lo reconocemos, Él nos perdona. Por eso la oración confiada de la persona que pide perdón, lo recibirá de parte de Dios. Por medio de Él podemos perdonar siempre a otros. Esto se debe a que, en toda honestidad, así como necesitamos el pan diario también precisamos del perdón diario para nuestra alma y también para extenderlo en otros, cooperando con el perdón de Dios para ellos. Eso libera al alma.

- **Y NO NOS DEJES CAER EN TENTACIÓN**: oramos diario por pan, por perdón y por protección. Jesús sabe que las tentaciones son, como dirían las abuelitas, «el pan nuestro de cada día». Por eso nos enseña a depender de Él en áreas tan puntuales que su Reino ofrece:

- Provisión/pan: para el que habita con miedo del mañana.
- Perdón: para el que habita con la culpa del ayer.
- Protección: para el que sabe lo débil y expuesto que está hoy.

Jesús nos enseña que al orar entrega provisión para el ansioso, el avergonzado, y el que conoce su debilidad. Cuando esas tres condiciones se activan en el alma es que empezamos a orar más. Quizás si oráramos de esa manera y de todo corazón diariamente, recordaríamos quiénes somos, pero sobre todo, quién es Dios y lo glorioso y poderoso de su Reino siempre fiel.

Lo más increíble es que ese Rey es tu Papá, te ama, va delante de ti, pelea por ti...y, ¿sabes algo?, ¡al final ganamos!

TÁCTICA 13

TEMA. Tienes un Papá que te ama y conoce mejor que tú lo que necesitas. Además, Dios lo sabe todo y aun sabiendo todo lo que has hecho, pensado, deseado y hablado, no te rechaza, sino que te invita a una relación amorosa, confiada, y eternamente satisfactoria con Él.

ATESORA.

*«Entonces yo les dije: 'No teman ni les tengan miedo. **El Señor su Dios, que va delante de ustedes, El peleará por ustedes**, así como lo hizo delante de sus ojos en Egipto y en el desierto, donde **has visto cómo el Señor tu Dios te llevó, como un hombre lleva a su hijo**, por todo el camino que anduvieron hasta llegar a este lugar»* (Dt 1:29–31 NBLA, énfasis añadido).

CORRIGE. ¿Cómo sería tu día si vivieras con la certeza de que Dios es tu Papá y es Todopoderoso, pero sobre todo que te ama y tiene un plan eterno para tu bien y Su gloria?

_____

_____

_____

TRANSCRIBE. Escribe en tus propias palabras Deuteronomio 1:29-31 y envíalo a tu pastor o consejero para asegurarnos de que lo aterrizamos bien.

_____

_____

INTEGRA. Registra tres características que se manifestarían en tu vida si lo que estás conociendo de Dios fuera verdad para ti.

1. _____
2. _____
3. _____

CONFÍA. Activa tus alarmas del día para que te recuerden meditar en el pasaje de Deuteronomio, tu transcripción y lo que has leído hoy.

ACTIVA. Registra de tres a siete momentos que pudiste corregir hoy delante de Dios con respecto a tus pensamientos de ansiedad, preocupación o temor, por fe en Cristo Jesús y qué acciones puntuales de amor a Dios y a otros has podido realizar:

1. _____
2. _____
3. _____
4. _____
5. _____

6. _____

7. _____

Una relación bajo una realidad diferente

La realidad más notoria de que alguien ha sido salvado por Dios es que empieza a notarse que está siendo gobernado por Dios.

> «No imiten las conductas ni las costumbres de este mundo, más bien **dejen que Dios los transforme en personas nuevas** al cambiarles la manera de pensar. Entonces aprenderán a conocer la voluntad de Dios para ustedes, la cual es buena, agradable y perfecta» (Ro 12:2 NTV, énfasis mío).

En México, al igual que en otros países, tendemos a pensar que cuando gana un partido político diferente la elección, en el mejor de los casos se espera que algunas cosas cambien. Esto podría parecer obvio porque hay un nuevo líder con un equipo de trabajo nuevo, formas nuevas o diferentes de hacer las cosas. Lo que todos esperan es que todo sea para mejor, más seguridad, beneficios para la comunidad, desarrollo, crecimiento en varios sentidos y muchas cosas más. En resumen, se asume que habrá evidencias visibles y positivas de que hay un nuevo gobierno.

Pero todos sabemos que no siempre es así (casi nunca es así ☺). Sin embargo, en lo que tiene que ver con el alma y la vida, cuando una persona se ha rendido, abrazado y elegido a Jesús como su personal Salvador y ahora pasa al reino de Dios, entonces, si eso fue en verdad, una nueva administración y gobierno va a entrar en función y se va a notar la diferencia.

Si al empezar este libro no tenías una relación con Dios como Papá debido a que no gozabas de esa relación con Jesús como Redentor y Rey, es muy posible que ya para este momento sepas que tu realidad, debido a que hay un nuevo gobierno en tu vida, va a ser totalmente transformada.

El apóstol Pablo habló de esto en su carta a los Romanos (Cap. 12); Dios quiere transformarnos en personas nuevas y lo logra por medio del cambio en nuestra manera de pensar. Voy a usar un ejemplo de un cambio profundo de mentalidad que está ocurriendo en nuestra sociedad en la actualidad para ilustrar el significado del cambio de mentalidad para lograr una transformación verdadera.

Estamos siendo bombardeados en todo el mundo por la agenda LGBT+. Esta presión se me hace muy interesante porque ellos entienden, entre otras cosas, que al creer que eres de una manera «por dentro», eso debe afectar y ser visible en el «exterior». Si eres hombre y el enemigo, un experto mercadólogo, te engaña hasta el punto de que solo te guías por tus sentimientos y llegas a creer que tus afectos determinan lo que eres y, por lo tanto, concluyes que eres mujer, eso hace que todo lo externo, desde tu modo de hablar, apariencia externa, vestimenta, forma de caminar y hasta de gastar, entretenerte y complacerte tiene que ser congruente con lo que eres «por dentro» y debes buscar cambiar todo lo de «afuera». Incluso el prefijo «trans» comunica que alguien se identifica con el género opuesto y finalmente lo hace evidente. Ya no solo se habla de «trans» en términos de género o sexuales, sino que hay también transracial, transhumanismo y muchos más que van apareciendo todos los días.

Sin embargo, más allá de esta larga explicación, es bastante curioso que el mundo entienda que lo de afuera «debe ser congruente» con lo de dentro. Bueno, en esos términos, transexual es la disconformidad entre el sexo biológico y psicológico de una persona. Entonces, si podemos usar esa analogía, nosotros somos «transpecadores»: estamos disconformes con el pecado y nuestra condición caída. Podría decirse que somos santos «atrapados» en el cuerpo de un pecador. No hemos abrazado una identidad sexual o racial, sino una del alma que permitirá que todas las demás se ordenen a la luz del cambio del alma. Cuando volvemos nuestra mirada, vida y ser a Dios, del mismo modo que una persona de la comunidad LGBT+ empieza a cambiar, cuánto más los creyentes en Cristo debemos cambiar ante nuestra identidad nueva, real, verdadera y eterna.

Te lo puedo ilustrar de otra manera. Si tienes un viaje y el bus o el avión sale a cierta hora de la mañana, entonces tu hora de despertar y lo que harás se verá afectado por el horario de partida. Cuánto más debe afectar toda nuestra vida nuestra nueva identidad en Cristo.

Muchos las llaman «disciplinas espirituales», pero yo prefiero llamarlas «las prácticas de Jesús». Me estoy refiriendo a las acciones concretas y repetitivas que priorizarás si sigues a Jesús. Una de ellas es la memorización de las Escrituras. Sí, sabemos que las Escrituras tratan de Él, pero en la cultura en la que creció, un niño había memorizado casi todo el Pentateuco antes de entrar a la adolescencia. Los niños no nacían sabiendo, sino que lo memorizaban por la múltiple repetición, lo cual era un imperativo para el papá hebreo, quien enseñaba y repetía con diligencia las Escrituras a sus hijos (Dt 6:7). Del mismo modo, nosotros también hemos preservado los dichos de nuestra mamá o de nuestro abuelo como nuestros por su constante repetición en el entorno familiar, pues así también un niño hebreo crecía escuchando, repitiendo y memorizando la Escritura.

Esto no es un secreto exclusivo de los israelitas, porque Marco Aurelio, uno de los cuatro mejores emperadores del Imperio romano, tenía la costumbre de llevar un diario en donde un elemento clave era la repetición de conceptos. Muchos que han leído su libro titulado «Meditaciones» notan algunas partes muy «repetitivas» que son producto de su método de reflexión. Pero esto también nos pasa a muchos cuando leemos la Biblia porque parece que en algún libro anterior Dios ya nos dijo algo muy similar. Lo cierto es que así lo diseñó Dios y por eso podríamos afirmar que fuimos diseñados para aprender por repetición.

El emperador Marco Aurelio compartía la misma idea de Aristóteles, que decía algo como esto:

«Somos lo que repetidamente hacemos. Las cosas que piensas, determinan la calidad de tu mente, que afectan tu alma y tu vida toma el color de tus pensamientos».

El rey David, mucho antes que Marco Aurelio y Aristóteles, ya había escrito:

> *«¡Cuán bienaventurado es el hombre que no anda*
> *en el consejo de los impíos,*
> *ni se detiene en el camino de los pecadores,*
> *ni se sienta en la silla de los escarnecedores,*
> *Sino que en la ley del Señor está su **deleite**,*
> ***y en Su ley medita de día y de noche!»***
> (Sal 1:1-2 NBLA, énfasis mío).

> *«Aunque los príncipes se sienten y hablen contra mí,*
> ***Tu siervo medita en Tus estatutos.***
> *También Tus testimonios **son mi deleite;***
> *Ellos **son mis consejeros»***
> (Sal 119:23-24 NBLA, énfasis mío).

Hoy el mundo paga miles de dólares por aprender verdades milenarias que se las venden como novedosas, pero que la Biblia entrega gratis. Cuando meditas en Dios y su Palabra[36] empiezas a afectar tu mente y, como consecuencia, tus procesos mentales. Por lo tan-

---

[36] Algo que has venido haciendo desde «Una nueva vida, De Cristo en adelante».

to, se ve afectado lo que hacemos o elegimos y, en este caso, nos vamos enfocando en hacer la voluntad de Dios.

Volvamos a lo que Pablo enseñó sobre la transformación del alma.

NO SE ADAPTEN (NO SE CONFORMEN) A ESTE MUNDO: Estás al tanto de que el mundo promueve una cultura de auto-confianza. Yo tengo ciertos reparos con la terapia tal como se usa en la actualidad porque, en esencia, para cambiar lo que la persona experimenta se busca ayudarle a tener más confianza en sí misma. Sin embargo, la esencia del pecado y algo que el Señor condena es la confianza extrema en uno mismo (recuerdas Jer. 17:5).

Escuché la entrevista de un actor que decía: «yo lo tenía todo, pero tenía un hueco, no era feliz. Tenía el dinero, la mujer, la familia, el estilo de vida, pero ese hueco no se iba. Cuando tienes un hueco así, lo intentas llenar con lo que sea, cualquier sustancia que encuentres o te vendan en farmacias o cantinas». Su confesión fue muy interesante porque si consideras que el mundo con su sistema de valores programado y propagado por Satanás para distraerte de Dios, te vende la idea de que, si tuvieras dinero, todo sería más fácil; si no estuvieras solo, serías feliz; si tuvieras el estilo de vida de las personas que sigues en redes sociales, estarías pleno y dichoso. Pero ¿sabes?, redes sociales vemos, noches insufribles no sabemos. No te conformes a este mundo y no abraces las soluciones mundanas que solo ofrecen paliativos que no resuelven el problema de un alma muerta o enferma.

TRANSFÓRMENSE: Hay cosas que necesitamos cambiar. Mi hijo tiene en este momento nueve años. Está en una temporada en la que, como pasó con todos nosotros, no le gusta la disciplina. Él quiere cambiar con el fin de no sufrir las disciplinas, pero no hace nada para cambiar. Me pidió consejería, pero a la segunda semana, como en cualquier otra consejería, la tuve que suspender porque no hacía sus tareas ni trabajaba en el proceso. Hoy me pidió otra oportunidad, por supuesto se la di, pero le dije que debe priorizar lo que es importante para Dios; es decir, entender el orden de prioridades de Dios y lo más importante que debemos buscar, esto es el rostro de Dios (Sal 27; 105). Si quieres que tu día cambie, quizás debes empezar por cambiar la forma en que empieza tu día.[37]

---

[37] Yo anhelo que con quien estés caminando por este libro, te esté discipulando y enseñándote cómo buscar a Dios y si podemos servirte en algo, la materia que enseño en el seminario, *Disciplinas Espirituales: Las prácticas de Jesús*, puede ser de utilidad para ti.

MEDIANTE LA RENOVACIÓN DE SU MENTE: una mente nueva es fruto de la obra de Dios en la vida del creyente. La Palabra de Dios debe «regarla» con información nueva y verdadera.

PARA QUE VERIFIQUEN CUÁL ES LA VOLUNTAD DE DIOS: LO QUE ES BUENO Y ACEPTABLE (AGRADABLE) Y PERFECTO: Esta profunda transformación de la mente a través de la Palabra de Dios te permitirá descubrir aquello que es:

- BUENO: para ti, aunque hoy no lo entiendes, pero lo que estás caminando hoy, incluso sufriendo, en tres años podrás mirar hacia atrás y entender con claridad lo que Dios estaba haciendo contigo hoy, o mejor dicho, en quién te estaba convirtiendo.
- AGRADABLE: te va a gustar.
- PERFECTA: te va hacer completo porque Su palabra es perfecta.

La transformación se define como la acción por la cual se hace cambiar de forma a algo o alguien. La Biblia no dice que la vida en Cristo es una idea meramente filosófica o intelectual, sino que Dios hace una obra intrapersonal que afecta lo que la persona es, piensa, medita y finalmente hace.

Un amigo pastor en Nueva York me contó del testimonio de una mujer musulmana en sus 30s que visitaba los servicios públicos que tenían en un parque debido a las restricciones por la COVID-19. Muchas iglesias tuvieron que adaptar sus servicios y realizarlos en parques o estacionamientos abiertos.

Cuando ella llegó le dijo a mi amigo John, «yo te conozco» al hacer referencia a que lo había visto predicar en YouTube. Ella repitió múltiples veces durante la conversación, «yo no soy cristiana, ¡eh!», como si esperara que, por repetición, quedara clara su postura. John le comentó que entendía, que era bienvenida y que si tuviera alguna duda con todo gusto se acercara al final para poder hablar.

Terminó el servicio y mi amigo que tiene corazón de evangelista, aprovecha cualquier ocasión para anunciar las buenas noticias de Jesús. Ella se acercó al final y la conversación fue así:

— ¿Cómo estás? ¿Qué te pareció?

— ¿Cómo puedo hacer para cambiar de religión? (Preguntó ella).

— Mira, nosotros no creemos en un cambio de religión, no creemos que católicos, musulmanes o lo que sea, deban cambiarse al cristianismo.

Nosotros creemos en un cambio de condición, que todos necesitamos salvación. Estábamos muertos, pero Jesús vino a darnos vida, abundante y eterna. Eso es lo que creemos.

— Ok, sí, eso, ¿cómo se hace eso?

— Mira, como escuchaste, es por fe, por depositar tu confianza en la persona y obra de Jesús y decidir seguirlo, el resto es algo que Él empieza a hacer en ti.

— Pero... ¿podría seguir a Jesús... a escondidas...?; porque mi familia si se entera de esto, me mata.

— Mira, llegaremos a ese punto cuando Dios así lo determine, por ahora, si es tu deseo, permíteme orar por ti y guiarte en una oración para que puedas pedirle a Dios, que por medio de Jesús, te perdone tus pecados, te salve y te dé una nueva vida.

Después de orar, Ashley (esposa de John), le entregó unos recursos para leer. Esta es una historia literalmente bíblica, del tipo de Hechos cuando Dios empezaba a revelarse a personas que no contaban con una Biblia y el Señor usaba visiones y sueños. Ella poco a poco fue siendo asombrada por Dios y, por ende, transformada por Él. Esto fue tan sorprendente y guiado por Dios mismo que, cuando le dijo a su mamá, pues ella no dijo nada. Para esos contextos culturales, esa respuesta era un verdadero milagro. Cuando sus hermanos se enteraron y empezaron a atacarla, la mamá no se sumó a los ataques, lo cual es una evidencia de gracia muy extraña. Pero finalmente su mamá le dijo la razón para su silencio:

«No te dije nada porque vi los cambios en ti. Pasaste de ser una chica que se había intentado suicidar dos veces y vivía en un constante lamento, a una mujer alegre, con esperanza, pero sobre todo con paz. Así que sigue haciendo lo que estés haciendo».

Dios sigue queriendo hacer lo que ha hecho a lo largo de la historia, transformar a personas que vivíamos sin esperanza y sin Dios (Ef 2). El Señor quiere alejarte de un dios creado por nosotros, acorde con nuestras preferencias y reino (que es lo mismo que vivir sin Dios), a miembros rescatados y muy amados de su familia. Nuestro Dios desea que lo reconozcamos como Papá y a Su Espíritu Santo morando en nosotros, haciendo Su obra, para que nuestra vida pueda mostrar de forma evidente que tiene una esperanza segura (He 6:19).

Soy muy consciente de que hay momentos y temporadas que parecen diseñadas para nublar tu vista y robarte la esperanza, pero considera que quizás solo están exponiendo una esperanza puesta en algo que no es Dios y Él está permitiendo que las lágrimas limpien los ojos de tu alma para ver que necesitas a Dios, no sólo en los desiertos o tormentas, sino también en las cimas y bonanza.

No conozco una vida que no haya perseverado en seguir a Jesús y que el mismo Señor se haya mantenido constante y firme en hacerla diferente, Suya, completa y para Su gloria. Una vida satisfecha en Él. Podría decir que la ansiedad y la depresión son otros lados del temor y el afán, síntomas de un alma que no está sana y satisfecha. La solución está en llenarse apasionadamente de Jesús, quien es la única relación e inversión que paga hermosos rendimientos, produce asombrosos frutos y le da paz al alma, y eso, se ve, tarde o temprano se ve.

Quizás a estas alturas del proceso tú crees que nadie lo nota, pero créeme, si Dios nos compara muchas veces con árboles y si has visto uno o has tomado clases de ciencias naturales, sabes que los árboles primero hacen crecer sus raíces antes de que se vea crecer algo consistentemente en la superficie. Luego que ha crecido lo suficiente, se harán evidentes sus frutos. Así también es la vida espiritual. Por eso, asegúrate de enraizarte en Jesús hoy... y cuando Dios te haga pasar por una estación distinta... solo asegúrate de que tu raíz permanezca estable.

De seguro ya te diste cuenta de que no necesitas que cambien tus circunstancias, necesitas a Jesús en tu circunstancias y ese REY, que activa una RELACIÓN, eventualmente cambiará tu REALIDAD.

TÁCTICA 14

TEMA. No te daré el tema en esta oportunidad, sino que te pediré que resumas en un párrafo lo que entendiste de este capítulo:

_____

_____

_____

ATESORA.

*« No imiten las conductas ni las costumbres de este mundo, más bien **dejen que Dios los transforme en personas nuevas** al cambiarles la manera de pensar. Entonces aprenderán a conocer la voluntad de Dios para ustedes, la cual es buena, agradable y perfecta»* (Ro 12:2 NTV, énfasis mío).

Corrige. ¿Cómo sería tu día si vivieras con la certeza de que Dios real, te ama y está haciendo una obra en tu vida, de dentro hacia afuera?

_____

_____

Transcribe. Escribe en tus propias palabras Romanos 12:2 y envíalo a tu pastor o consejero para asegurarnos que lo aterrizamos bien.

_____

_____

_____

Integra. Registra tres cosas reales que te caracterizarían si lo que estás conociendo de Dios fuera verdad para ti.

1. _____
2. _____
3. _____

CONFÍA. Prepara tus alarmas del día para que te recuerden meditar en Romanos 12:2, tu transcripción de este y lo que has leído hoy.

ACTIVA. Registra de tres a cinco momentos en que tus reacciones fueron transformadas hoy al perseverar tu pensamiento en Dios y lo que leíste hoy. ¿Qué acciones puntuales de amor a Dios y a otros hiciste hoy como respuesta?

1. _____

2. _____

3. _____

4. _____

5. _____

Día 15

¿Cómo está tu alma?, ¿también le dio COVID?

«Mi alma también está muy angustiada;
Y Tú, oh Señor, ¿hasta cuándo?
Vuélvete, Señor, rescata mi alma;
Sálvame por Tu misericordia»
(Salmo 6:3-4 NBLA, énfasis mío).

———— ◼ ————

Hay ocasiones que comemos sin hambre o sin disfrutar los alimentos, pero sabemos que nuestro cuerpo necesita alimento para vivir. Si esta es una realidad ineludible, yo te pregunto, ¿por qué dejamos que nuestra alma se muera de hambre para luego angustiarnos cuando sentimos nuestra alma desfallecer?

Estoy escribiendo esto en los años de la COVID-19. Este virus ha puesto economías de cabeza, nos ha enviado a cuarentena y ha cobrado muchas vidas. Esta enfermedad afecta primordialmente al sistema respiratorio, esencial para la supervivencia. Pocas veces se valora tanto el poder respirar, como cuando no tienes la posibilidad de hacerlo con la facilidad con que lo hacemos sin siquiera prestarle atención. Ahogarse es horrible, pero hay otro problema que ha causado este virus al afectar el alma de personas que ni siquiera estaban infectadas, pero sus almas se estaban ahogando.

Durante el inicio del segundo año de la pandemia, estuve corriendo porque tenía múltiples consejerías de lo que podría llamar «estrés covidiano» o «estrés post-COVID», donde personas experimentan los mismos síntomas de ansiedad y angustia que las personas que he aconsejado y que venían con estrés post-traumático o simple ataque de ansiedad.

Quisiera recordar que el miedo o temor se define como la respuesta física y emocional ante una amenaza real o percibida. Estas definiciones son clave porque determinan destinos. Por ejemplo, si la definición final con la que nos quedamos del miedo es esa (que es real y el mundo así lo entiende), nos equivocamos al pensar que la solución es bastante obvia: no habrá miedo ni temor cuando estemos libres de amenazas.

El problema radica en que vivimos rodeados de amenazas y peligros de este lado de la eternidad. Realmente somos un milagro que, desde la gestación hasta el día en que estés leyendo esto, puede experimentar la gracia poderosa del Señor sosteniendo y haciendo que su aliento de vida permanezca en ti, coordinando un sinfín de sistemas (nervioso, digestivo, respiratorio, etc.) para que ni tú ni yo estemos siquiera conscientes de su funcionamiento permanente.

Un matrimonio amigo sufrió a causa de la COVID-19. Él fue muy afectado y su vida corrió un riesgo alto, pero pudo salir de la crisis. Sin embargo, luego de que el virus se fue, ellos se encontraron con otro riesgo interno: estaban esclavos del miedo, la ansiedad o esa angustia que la Biblia menciona en varias oportunidades.

Ellos son amados siervos de Dios y han sido entrenados en consejería, y de pronto, llevaban semanas sufriendo al estar sumergidos en los estragos de la angustia. Ya estaban sanos del cuerpo, pero su alma seguía ahogándose sin poder respirar con normalidad.

Cuando me junté con ellos les preguntaba qué era el miedo a la luz de muchas porciones Bíblicas. Ellos eran buenos cristianos y me dieron la respuesta de escuela dominical: «Es no creerle a Dios y a lo que dice». Bien, les dije, pero si las definiciones determinan destinos y si el miedo es «no creerle a Dios, ni lo que dice», entonces, ¿cuál sería la solución? Ellos se quedaron en silencio porque la respuesta obvia sería, «creerle a Dios y lo que dice». Si son muy bíblicos, hasta se podrían haber sentido culpables porque la Biblia dice:

«Así que la fe viene del oír, y el oír, por la palabra de Cristo»
(Ro 10:17 NBLA).

Sería natural pensar que lo que les faltaba era más Palabra de Dios en sus vidas. Pero no creo que se trate de eso porque los conozco y sé que aman y consumen mucha Biblia. Ella llenó un cuaderno lleno de textos y promesas bíblicas que la sostuvieron en esos días difíciles en los que su esposo estuvo muy delicado de salud. Entonces, ¿cuál es la solución? Si no es falta de Palabra, pero veo que mi problema es no creer lo que Dios dice, ¿qué es lo qué pasa?

«¡Ya dime Kike! Porque para eso compré este libro» puedes estar diciendo en este mismo momento. Lo sé, y por eso escribo este libro. Te responderé con un ejemplo muy claro. El que tengas un aparato electrónico no garantiza que lo enciendas. Me podrías aconsejar, «Lo necesitas conectar». «Claro», te respondo, pero ¿qué pasa si lo conecto a la tierra? ¿A una madera? Simplemente no funcionará porque está conectado a la fuente equivocada.

El problema con los hijos de Dios es que van perdiendo la batalla contra la angustia o ansiedad; se debe a que se conectan o conectamos lo que nos pasa a la fuente equivocada, o la Palabra en «la entrada» equivocada.

Les preguntaba a estos amigos (y a otros aconsejados que sufrieron del mismo mal), «¿cómo luces cuando temes?» Ellos dieron varias respuestas:

- Me paraliza hacer cosas que quisiera hacer o podría hacer (salir, orar por alguien, incluso RESPIRAR, etc.

- Molestando a mi esposo hasta hostigarlo, aunque mi deseo es «sobre protegerlo». Por ejemplo, Después de que un familiar ha sufrido COVID, vivimos preguntando 20 veces al día, «¿estás bien?».

- Me hace juzgar a otros y hasta condenarlos porque no usan cubrebocas o los usan mal, cuando en el fondo sé que aun gente que se ha cuidado en extremo termina contagiada.

- Me he vuelto contador de muertos, como un cazafantasmas (llevo 130 registros de muertos por COVID-19 en redes sociales y tomo pantallazos cada vez que alguien sube en sus redes sociales que perdió a un familiar por la enfermedad; incluso me paso haciendo cuentas sobre el tiempo que le va a tomar al gobierno vacunar a todos y que no alcanzará el tiempo ni nos alcanzaremos a vacunar antes de que me vuelva a dar.

• Me desanima, me entra un desgano. Se entristece mi corazón (no es desesperanza, aunque si hemos llegado a decir «de esto no vamos a salir»).

• Afectamos y alejamos a otros (muchos ya no se quieren juntar con nosotros porque solo hablamos de lo mismo todo el tiempo).

• Reacciono airadamente ante alguien que no cumple mi estándar, producto de mi ilusión de «autoprotección». Si alguien de la familia no se aplica antibacterial o no usa bien el cubrebocas le hago ver de forma airada el peligro al que se expone tanto a él como a nosotros, humillándolo o avergonzándolo.

—¿Qué les ha dicho Dios que no "le han creído"?—, les pregunté. Ellos respondieron:

• No temas
• Yo soy fiel
• Estaré contigo
• Recuerda lo que Él ha hecho en el pasado
• Soy BUENO.

Luego de esa respuesta, les hice la siguiente pregunta: ¿qué posibles soluciones ven?

- Las circunstancias nos tienen muy distraídos (lo que significa que si las circunstancias cambiaran ya no batallarían con eso).
- Si todo mundo se cuidara, no habría contagiados (El problema radica en que es algo que no controlo).
- Si no me hubiera contagiado o si ya me hubiera muerto, no batallaría con esto (Incluso la desesperanza contempla la muerte como una solución a la pelea).

Sin embargo, la esencia del engaño es que creemos:

- TU PUEDES, YA SABES LO NECESARIO (pero mi vida parece no responder).
- **Estar bien = Comodidad/falta de sufrimiento.**
- Lo que dice Dios no es cierto (en teoría lo creo, pero en realidad no).
- Yo puedo intervenir en lo que Dios ya tiene previsto para nosotros.
- Al poner una mayor atención a las circunstancias

en vez de a Dios (me hundo, como Pedro en la tormenta).

Destaqué en negritas algo clave porque nuestro entendimiento equipara «estar bien» a comodidad y ausencia de sufrimiento. Pero el reino de Dios no consiste en no sufrir. Por el contrario, incluso Pablo y Bernabé durante a las iglesias de Listra, Iconio y Antioquía y ver tanta gracia de Dios, les anima y fortalece con las siguientes palabras:

«*Fortaleciendo los ánimos de los discípulos, exhortándolos a que perseveraran en la fe, y diciendo:* **"Es necesario que a través de muchas tribulaciones entremos en el reino de Dios"**» (Hch 14:22 NBLA, énfasis mío).

¿Cómo? ¿Necesitamos tribulaciones? La realidad es que las tribulaciones de este lado del sol son usadas por Dios para avivar nuestras almas para que busquemos el reino al cual pertenecemos: el reino de Dios, el cual es mucho mejor y más eterno que el nuestro, que tanta ansiedad nos causa cuando algo lo sacude. El refugio se valora como lo que es cuando estamos bajo ataque. Dios y Su reino es el refugio en que se encuentra lo que tu alma tanto busca:

«Porque el reino de Dios no es comida ni bebida, sino justicia y paz y gozo en el Espíritu Santo» (Rom. 14:17 NBLA, énfasis mío).

Nuestras almas están diseñadas para tener justicia, paz y gozo. Por eso se realizan tantas marchas anhelando una supuesta «justicia»; por eso se gasta tanto dinero en temas relacionados con calmantes y ansiolíticos y por eso las redes sociales y plataformas de streaming son tan adictivas, porque ofrecen «alegrías» de corta duración. Para efectos del tema que estamos tratando en este momento y que son derivados de la justicia de Cristo a nuestro favor por la fe en su persona y obra; solo hablaremos de los dos aspectos que el alma busca y que son opuestas a la ansiedad y depresión: la paz y el gozo. Dios usa tormentas y tribulaciones, angustias y aflicciones, para mostrarnos la ubicación exacta de nuestra alma y para invitarnos de vuelta a Él y a su reino. Por el contrario, si estás más interesado en la preservación y disfrute de tu reino en pedazos, sigues jugando el deporte equivocado y, por ende, sufriendo las consecuencias de no conectarte al Evangelio del reino de Jesús.

Hablé con una pareja a la cual había aconsejado alrededor de un año. Ellos llegaron dando su matrimonio por perdido. Pero Dios, que es rico en misericordia, ha hecho en Cristo una obra poderosa. Mientras evaluábamos lo que llevamos del proceso y proyectábamos los temas que caminaremos este año, ellos estaban muy agradecidos (algo clave en procesos de consejería). Pero ella dijo algo que se me quedó muy presente mientras hablaba de lo que esperaba que pasara con un familiar que estaba como ella hace un año, «intentando vivir una vida cristiana, pero a su modo». Sus palabras fueron, «Quizás Dios para salvarla tenga que mandar el sufrimiento en su futuro matrimonio. Eso me pasó a mí, sufrí muchísimo, pero hoy puedo decir, lo volvería a hacer, porque sin ese sufrimiento, no estaría aquí».

Cuando el alma está atribulada puede percibir porciones de la Escritura, como las que empezaremos a ver hoy, adquiriendo colores nunca vistos. Terminaremos hoy con el inicio de un salmo, en donde es evidente que el salmista escribe mientras está bajo ataque. Veremos una asombrosa transición de súplica por protección a una bendición gloriosa en un solo capítulo de la Biblia.

«Protégeme, oh Dios, pues en Ti me refugio.
Yo dije al Señor: «Tú eres mi Señor;
Ningún bien tengo fuera de Ti»
(Sal 16.1-2 NBLA).

Podrías decir que actualmente la ansiedad se ha vuelto un deporte nacional. De allí se derivan lo que el mundo llamaría enfermedades mentales y de personalidad. En esencia, el mundo está clamando por protección, solo que acostumbra a querer salvación sin Salvador, protección sin el Refugio. Por ello el tema y la esperanza se depositan por completo en una vacuna que nos proteja de un virus externo, en lugar de atender el problema más grande que tenemos dentro de nosotros mismos.

Tú estás ya en el día 15 de este libro, por lo que ya conoces algo de Dios. El salmo que acabamos de ver empieza su clamor dirigiéndolo a la fuente correcta que ya conoce y le dice:

«Protégeme, oh Dios»

Dios me puso este salmo como columna para el GOZO al que me está llamando en Él o mejor dicho,

ME ESTÁ LLAMANDO A ÉL Y ÉL ES GOZOSO.

Aunque el salmo termina con plenitud de gozo y deleites, empieza pidiendo protección. Nada ha cambiado afuera, pero cuando el alma clama y abraza a Dios, es como el dispositivo que se quedó sin batería y se conecta a la corriente... inmediatamente empieza a recibir lo que necesita.

El salmista pide protección apelando al Dios en quien confía y se refugia. Confiar significa apresurarse a refugiarse en Él.[38] Ahora, ¿cómo luzco si confío en Dios? Mi alma le da la razón al salmista y la continuación de su poema cuando confiesa que Dios es su Señor (16:2). Las palabras «dije al Señor» tienen la connotación de afirmar permaneciendo, decidir, declarar deseando o preferir meditando. Eso es justo lo que has venido haciendo cada día al recordar y meditar, repetir y albergar lo que Dios te está revelando sobre Él y cómo no desperdiciará nuestro sufrimiento.

Dios es mi Dios y eso significa que yo no soy mi dios y que es despreciable el pensamiento de empoderamiento y falso optimismo basado en mi capacidad (que se ha mostrado limitada y pobre). Necesito a Dios, yo no puedo solo, necesito a mi Poderoso Papá y es a Él a quien corremos en momentos de angustia, para que permanezcamos en Él.

---

[38] Para mayor claridad ve a «Una nueva vida, de Cristo en Adelante», en el capítulo de cómo luce confiar en Dios.

«Ningún bien tengo fuera de ti». Parte del engaño del pecado es querer lo que Dios da, pero sin Dios (Gn 3). ¡Es una locura! Pero así somos de necios y arrogantes. Cuando confías en Dios, tú sabes que de nada me serviría lo «bueno» que quiero, si no tengo a Dios, quien es a quien más quiero.

Sabes que tu corazón está empezando a confiar en Dios, cuando eres más consciente de que la vida es una batalla de reinos y deseos. Notas y decides por tu mayor bien, en donde sabes hallarás todo lo que necesitas, porque tienes lo que tu alma necesita:

Dios.

Mañana veremos la importancia de tu comunidad para el bien de tu alma, pero por hoy quiero terminar prometiéndote dos cosas que vienen de Dios.

1. La paz y el gozo que tanto anhelas tiene un nombre: Jesús. Él es el Príncipe de paz y la fuente de todo gozo (no solo de ciertas alegrías cortitas, sino de un gozo eterno). Entre más conozcas a Jesús, más comprobarás que era Él a quien andabas buscando por todos lados.
2. Si te afirmas y permaneces, decides, declaras deseando y prefieres meditarlo a Dios, cosecharás el gozo

sobrenatural y una paz que sobrepasa todo entendimiento de la gente.

El punto crítico es entender que mi bien no está en la ausencia de sufrimiento, mi bien es Dios. Eso significa que aun las tormentas y las aflicciones son usadas para una gloria mayor y jamás serán desperdiciadas. La Biblia habla de personas que sufrieron cosas terribles, pero Dios estaba «cocinando» algo glorioso de lo cual ellos fueron parte. No te rindas, créeme, de parte de Dios te lo digo:

NO HAY ANGUSTIA O AFLICCIÓN TAN GRANDE, QUE DIOS NO PUEDA HACERTE VER QUE SU PERSONA Y SALVACIÓN (justicia, paz y gozo) SON MAYORES.

TÁCTICA 15

A partir de hoy haremos un cambio. Has sido fiel con la TÁCTICA desde «Una nueva vida, de Cristo en adelante», por lo que quiero hacer un ajuste y enseñarte un formato en el cual, igualmente confío en que, si lo caminamos bien, afirmará y ayudará tu andar tras Jesús. Desarrollaré este primer ejercicio y te apoyaré en algunos durante la jornada para asegurarnos que entendemos lo que se espera de cada punto. Estaremos trabajando cinco Cs: (1) Condición, (2) Conversación, (3) Compromisos, (4) Comprobantes; (5) Clamor.

- **Condición:** ¿Quién soy en Cristo?/¿Quién dice Dios que soy?

- **Conversación:** Esto es clave. John Piper dijo alguna vez que «el desánimo es un tema esencialmente en el que me estoy escuchando demasiado, en lugar de hablarme». El problema es que estoy cautivo de mi propia narrativa por lo que veo y siento, en lugar de predicarle a mi alma lo que soy y sé de Dios. Debido a lo que dice Dios que soy, mi conversación/narrativa debe cambiar porque estará basada, obviamente, en la Verdad, la Palabra que estás caminando con Dios.

- **Compromisos:** Si creo que esa narrativa es verdad, debe hacerse evidente a través de los compromisos que voy a abrazar (en la táctica es parte de Corregir e Integrar). Es clave ponerlos por escrito y dárselo a conocer a alguien clave que ore por nosotros y nos pida cuentas de ello.

- **Comprobantes:** Acciones puntuales y reales que realizo en la semana y registro en respuesta a creerle a

Dios. (Muchos creen en Dios, pero son menos los que le creen a Dios).

- **CLAMOR:** La oración es parte vital del proceso con Dios. Registra tu oración y empieza a hacer un diario de tu comunicación con tu Papá Celestial. No tengas miedo, sé sincero porque Él sabe cómo estás. A nosotros nos ayuda el registrar por escrito para dejar testimonio de lo que vemos, pedimos y entendemos.

Entonces, arranquemos. Como cortesía de la casa, el día de hoy lo haré contigo para modelarte y sepas cómo se verá en los próximos días que lo pondrás en práctica:

CONDICIÓN.

Dios es mi Dios y mi Papá en quien me refugio. (Salmo 16:1-2; Mat. 6).*

---

*De ser posible, procura siempre enriquecer tu condición con el sustento bíblico. Si tienes dudas pregunta a tu consejero o pastor. Lo importante es que no creas en eso porque lo sientes, sino porque Dios lo dice y ya lo sabes.

CONVERSACIÓN.

Mi alma está angustiada cuando se satura de lo que ve y siente, en lugar de llenarme de lo que Dios dice y ya conozco. Lo que busco es seguridad y protección. Eso solo lo ofrece mi Dios, mi Papá Celestial y de manera eterna. Pocas veces se valora un refugio tanto como cuando se necesita con desesperación.

Dios es digno de ser valorado, glorificado. Siendo honesto, si mi alma no estuviera en angustia, no lo estaría buscando y necesitando tan desesperadamente como hoy. ¿Por qué habría de querer que Dios me saque de esta situación, cuando es esta situación la que me tiene más pegado a Él?

Señor, el Salmo 16 dice que no hay bien para mí, fuera de Ti.

Gracias por estar aquí. Gracias porque hoy sé que no estás lejos, sino que cuando me equivoqué al entender que mi bien no es la ausencia del sufrimiento, incluso este tiempo, me he enojado contigo, creyendo que Tú me fallaste porque permitiste esto que me tiene así. Pero Tú nunca has fallado, yo fallé al creer que estabas al servicio de mi reino y cuando se vio amenazado y sacudido, mi alma se ahogó en lo que siento y veo. Perdóname. Hoy de nuevo corro a ti, mi

Refugio y te digo: Tu eres mi Dios, ningún bien tengo fuera de ti.

No me saques de esta situación si mi alma va a distraerse y alejarse, a acomodarse y resignarse a un estilo de vida en que seas de nuevo un accesorio, más no el centro de todo mi ser. No me saques de aquí, hasta que mi corazón esté tan consiente de mi necesidad desesperada de ti, que no se aparte de ti jamás. Entonces esto habrá valido la pena, porque me empujó a lo que mi alma tanto anhelaba: Dios.

*Aquí es cuando Dios y tú se mensajean, y empiezas a registrar tus oraciones. Daniel Henderson dice que orar es intimidad con Dios por medio de la cual Él cumple sus propósitos.

COMPROMISOS. (De 3 a 5).

Dios, ya entendí que te necesito, dame un corazón que se incomode y hasta se sienta miserable muy rápidamente si no aparto tiempo para Ti, como lo primero que debo hacer a diario. Tú eres quien me sostiene, soy arrogante si arranco un día creyendo que necesito otras cosas primero.

Saturaré mi mente de verdad bíblica, tal como lo he venido haciendo hasta hoy en este proceso.

Ya me cansé de creerme a mí o a este mundo, quiero creerle y hablarme de Dios y Su verdad. Hoy en mis alarmas del alma (así le puse a los recordatorios para suplir verdad de la Palabra al alma), repetiré y meditaré en Salmo 16:1-2.

No dejaré que pase tiempo en desanimo, haré tres cosas:

1. Empezaré a recordarme lo que Dios me ha dicho y promete.
2. Pediré oración a mi consejero/pastor y grupo de comunidad (o conexión, o como le llamen en tu iglesia local).
3. Empezaré una lista de cosas por las que de verdad puedo estar agradecido, siendo sincero, son más los favores de Dios que los momentos o golpes de las olas de este mundo.

COMPROBANTES. (De 3 a 5 hoy).

El miércoles por la mañana me dio una pereza infinita leer mi Biblia. Estaba ocupado porque tenía que preparar cosas, pero sonó mi alarma del alma, y recordé que «dije al Señor, tú eres mi Señor» (Sal 16:2). Lo primero que mi alma necesita es buscarlo; por lo que pude asignar unos minutos sin distracción y y tranquilo para leer, recordar lo que estoy memorizando y orar (Sal 16:1-2).

Ya que soy una persona que sabe todas las noticias y las complicaciones del mundo, después de comer me dio un poco de ansiedad al pensar que a mi familia cercana o a mí le puede tocar sufrir esto de la enfermedad o algo peor, pero venía de recordar antes de comer con mi alarma del alma Salmo 16:1 y pude orar esto: «Protégeme, Dios, porque en Ti me Refugio». La paz empezó a volver a mi interior al recordar que Dios está a cargo y mi vida se la he entregado, por lo que todo lo que me pase de algún modo operará para un bien mayor (Ro 8:28-30).

Hablé en la noche con un amigo que sufrió COVID y estaba sufriendo de ansiedad. Pude compartirle lo que Dios ha hecho conmigo. Es asombroso cómo Dios usa Su victoria en mi vida en medio de una batalla perdida para dar esperanza e invitar a otros a Él. Ahora estoy orando por mi amigo, le invité a la iglesia y espero que me acompañe este domingo. Algo especial pasa cuando quito la mirada de mí y la llevo a Dios. Entra un ánimo y un propósito que echa fuera el miedo y la parálisis de estar enfocado en mí y lo que me pasas o puede pasar.

FALLA: En mi área financiera, creo que tomé una decisión apresurada, sin considerar a Dios. Me gusta ver que en mi vida hay áreas en las que todavía necesito reconocer y operar con Dios como mi Dios, no solo me salva de la angustia, quiero que sea verdaderamente Dios en toda mi vida. Ayúdame a orar por que pueda ser obvio en más y más áreas de mi ser que le pertenecen a Dios.

CLAMOR.

Dios, Papá, lo sabes todo, aún me siento débil e inseguro, pero hoy veo que eso no es un problema, sino que por años he querido ser yo el fuerte y el seguro, cuando en realidad lo que mi alma buscaba era conocer al Dios que es mi fuerza y refugio.

Gracias por lo que has permitido, para que pueda hoy estar cerca de Ti y conociéndote. Perdóname que mi fe no es tan grande aún, pero creo que eres Dios grande y con el poder de ayudarme a que mi fe en ti crezca. Entiendo que es por medio de mi relación contigo y Tu Palabra, por lo que te suplico que no me saques de esta situación sin antes haberme dado un corazón que, del mismo modo que mi cuerpo necesita respirar, mi alma te necesite a ti con urgencia. No puedo aguantar demasiados segundos sin respirar, no quiero aguantar un día sin Ti, sin intimidad contigo y sin Tu Palabra llenándome y guiándome. Te ruego ayúdame con eso, y entonces todo esto habrá valido la pena.

Te he dicho: Tú eres mi Dios. Ningún bien tengo fuera de Ti (Sal 16:1-2), me encantaría que transformaras mi vida en tu tiempo perfecto, mientras persevero en Ti, de tal modo que otros puedan tener la esperanza que hoy tengo, pero no por mi capacidad o la ausencia de problemas, sino por tu presencia en mi vida.

Cuento contigo porque sé que eres el único que puede hacerlo y a ti me encomiendo, en el nombre amoroso y poderoso de mi Rey y Redentor Jesús, Amén.

Bueno, ha sido un buen día, hoy lo hicimos juntos, hazlo ahora tú y envíaselo a tu pastor/consejero. Mañana al despertar, habrá un paquete de nuevas misericordias para ti y para mí. Mañana nos vemos, en Jesús.

Una vida protegida

«Por tanto, mi corazón se alegra y mi alma se regocija;
También mi carne morará segura»
(Sal 16:9 NBLA).

————

En esencia, Dios no me llama a salvarme solo, tampoco a defenderme y asegurar mi protección, sino a refugiarme en Él. El Señor es mi defensor, refugio y mi lugar seguro.

Dios me llama a Él

David sabe lo que es batallar con las emociones derivadas de situaciones de amenaza reales y la tristeza que estas producen. Él creció siendo menospreciado por sus padres, al punto que cuando Samuel fue a su casa a buscar secretamente al futuro rey, su padre convocó a todos sus hijos, pero se olvidó de David. Sin embargo, era un joven responsable y valiente que tenía a su cargo a las ovejas de la familia y no dudaba de enfrentarse a leones, osos y otros depredadores que amenazaban constantemente al rebaño.

Uno de los puntos culminantes de la vida de David fue cuando le creyó a Dios, y enfrentó y venció a un gigante que amenazaba a su nación, no sin antes ser despreciado e incluso acusado de soberbio y hasta malvado por su hermano mayor. Aunque llegó a ser el héroe del momento, tiempo después experimentó la envidia mortal de su suegro (que le debía a David estar aún en el trono), tuvo que huir del palacio y por un largo tiempo fue perseguido, atacado, amenazado, difamado, habitó en cuevas y vivió exiliado de su propia nación. Todas esas circunstancias difíciles hacen que David nos modele en el Salmo 16 una transición a nivel del alma que termina también afectando el cuerpo.

He ido acumulando pláticas y consejerías con personas afectadas con ansiedad y taquicardias debido a temas que incluso los médicos diagnostican como emocionales y que son el producto del sentido de desánimo alcanzado por un desgaste y cansancio al no encontrar una salida y temer incluso que esas mismas circunstancias se mantengan por el resto de sus vidas.

Hace poco hablaba con una persona que asiste a la iglesia y manifestaba el mismo común denominador. Él me decía, «Algo pasó afuera que afectó lo que soy y vivo por dentro». Podría tratarse del COVID-19, la muerte de un ser amado, la amenaza constante de infección o reinfección, la incertidumbre económica, todos esos factores angustiantes hacen que volvamos al mismo punto: la necesidad de protección, seguridad y refugio. Eso es justamente lo que es Dios para el alma y por siempre. Retomemos nuestra conversación con Dios y sigamos meditando en el Salmo 16,

«En cuanto a los santos que están en la tierra,
Ellos son los nobles en quienes está toda mi delicia.
Se multiplicarán las aflicciones de aquellos que han corrido
tras otro dios;
No derramaré yo sus libaciones de sangre,
Ni sus nombres pronunciarán mis labios.
El Señor es la porción de mi herencia y de mi copa;
Tú sustentas mi suerte.
Las cuerdas me cayeron en lugares agradables;
En verdad es hermosa la herencia que me ha tocado.
Bendeciré al Señor que me aconseja;
En verdad, en las noches mi corazón me instruye.
Al Señor he puesto continuamente delante de mí;

Porque está a mi diestra, permaneceré firme.
Por tanto, mi corazón se alegra y mi alma se regocija;
También mi carne morará segura...»
(Sal 16:3-9).

Las primeras palabras nos hablan de la importancia de nuestra comunidad, de lo que nos rodea y de quienes nos rodeamos. Para muchos sonará obvio, pero he encontrado qué hay un patrón importante que se repite entre las personas que sufren depresión y ansiedad y las personas que los rodean, a quiénes sigue en redes sociales, la música que escuchan, los programas o canales de video que ven y con quiénes se deleitan.

Un ejemplo básico que puede demostrar lo que acabo de decir. Es bastante complicado que duermas con gozo y paz luego de terminar de ver un noticiero y simplemente viendo «las mejores vidas de otros» por medio de este *escroleo* infinito que ofrecen las redes sociales.

Descubrí temprano en el ejercicio de la consejería, el cual me enseñó bastante pronto, la necesidad de monitorear y llevar una bitácora de lo que la persona:

- Hace al despertar.
- La música que escucha.

- Los programas o videos que ve.
- Las personas o publicaciones que le «gustan» en el mundo digital.
- Orden en el sueno (que sea regular, no inestable, dur miendo cada noche a una hora diferente).
- Alimentación (te sorprendería, pero tus hábitos de alimentación afectan lo que sientes, y la fuerza con la que enfrentas las cosas).
- Hábitos ocultos (conversaciones inapropiadas vía digital, adulterio emocional, físico, digital o en cualquier formato, *sexting*, desórdenes alimenticios que se ocultan, etc.).
- Mejores amigos y con quienes pasa más tiempo.
- Hábitos de ejercicio.
- Libros que está leyendo.
- Agenda en general (la prisa es el peor enemigo de una vida espiritual saludable).

Todo lo que rodea a la persona, es decir, las voces que escucha, los compañerismos que mantiene (sin importar que seas súper tímido, tu *influencer* de moda, cantante favorito, el programa que te gusta o tu conductor de noticias, son sus «nobles» (personas importantes, de renombre o realeza) o las personas con quienes encuentran su deleite. Eso afecta definitivamente la vida.

Algunos dicen que somos o nos convertiremos en las diez personas que nos rodean. Por eso es tan importante ser parte de una iglesia saludable, donde hijos de Dios abracen la encomienda de Jesús de hacer discípulos y ofrezcan ecosistemas de gracia, donde la persona pueda aterrizar y empezar a caminar con nuevos «nobles», los santos de Dios.

La costumbre en los tiempos de Jesús era que siguieras a un Rabino. Al aspirar a ser o tener algo que el maestro tenía o enseñaba, eventualmente tu vida era afectada y transformada por aquel a quien seguías.

Cada generación tiene sus propios líderes populares. De niño era fan de Jorge Campos, Luis García y Romario. Pasaba muchas horas viendo sus videos en VHS. En ese entonces uno grababa los programas de la televisión para verlos después (Muchos hoy no saben que es VHS, pero no te preocupes ni te pongas ansioso, no es una evolución del virus COVID). Cuando quería ser arquero, aspiraba a tener esos horribles uniformes fosforescentes que caracterizaban al buen *Brody*. Debido a que también soñaba con ser delantero es que practicaba por horas la famosa «media vuelta de Luis», incluso celebraba los goles como él y ensayaba y hacía ejercicios de fuerza en mis piernas para tener la potencia, respuesta en espacios cortos y definiciones de gol que hicieron grande a Romario. Nunca les conocí en persona, pero marcaron mi manera de jugar fútbol, mis anhelos deportivos, gustos y preferencias.

Puede ser que en tu caso hayan sido otros personajes, quizás una cantante, actriz o alguna otra figura pública. De seguro sabes a lo que me refiero. A quien sigues y de lo que te rodeas afecta definitivamente tu vida. Te transformas en lo que sigues.

Me llama la atención que las redes sociales promuevan justamente «seguir» a otros. Esto no es necesariamente negativo porque incluso en el ministerio, mi predicación y llamado a ser evangelista primero, y luego al ministerio pastoral, fue formado en gran parte por pastores que seguía de cerca o a distancia, como Chuck Swindoll o Greg Laurie. Recuerdo que ellos fueron mis primeros modelos de predicación y evangelismo. Actualmente hay otros hombres como Danny Akin, Johnny Hunt, Vance Pitman a quienes conozco personalmente y han marcado mi vida, familia y ministerio en los últimos años. Pero a su vez también hay otros a quienes sigo a distancia, leo y veo sus videos. Ellos enriquecen hoy mi vida de manera puntual.

No es de extrañar que Jesús, al llamar a sus discípulos, no les dijera:

- Arregla tu vida primero.
- Eres un asco, un cobarde y mentiroso, hasta que cambies vemos si te acepto.
- Tú me vas a negar tres veces, así que mejor llamo a alguien más.
- Tú me traicionarás con un beso, así que guácala, ¡sal de aquí!
- Tienes mala reputación, no me conviene juntarme contigo, pero pórtate bien y luego vemos ¿no?

Es asombroso que el llamado esencial de Jesús a sus discípulos es: ¡Sígueme! (anda conmigo, aprende de mí, sigue mis pasos). Nuestro Señor sabe que estamos diseñados para ser afectados por lo que seguimos o, mejor dicho, por las personas a las que seguimos. Él sabe que ese seguimiento nos transforma.

David también sabía de esa importancia al componer el salmo que he compartido. Por eso, luego de clamar por protección, declara y confiesa que Dios es su Señor personal y que no hay mayor bien para David fuera de Dios. Declara que verticalmente su deleite es Dios, pero horizontalmente encuentra deleite en la comunión con los santos (apartados para un propósito específico) de Dios. Ellos son su gente importante, sus *influencers* y sus amigos (con quienes disfruta pasar tiempo).

Quisiera hacer una nota de balance aclaratoria porque es posible que haya algunos cristianos que lean esto y pensarán: «oye, pero yo tengo mis amigos también cristianos y aún así soy esclavo de la depresión o la ansiedad».

El problema con nuestro enemigo es que es demasiado astuto y desde el principio ha sido así. Incluso hay personas en la iglesia que pueden ser tus amigos, pero el fruto de su amistad no te deja nada más que... obras de la carne:

> *«Ahora bien, las obras de la carne son evidentes, las cuales son:* **inmoralidad, impureza, sensualidad, idolatría, hechicería, enemistades, pleitos, celos, enojos, rivalidades, disensiones, herejías, envidias, borracheras, orgías y cosas semejantes**, *contra las cuales les advierto, como ya se lo he dicho antes, que los que practican tales cosas no heredarán el reino de Dios. Pero el fruto del Espíritu es* **amor, gozo, paz, paciencia, benignidad, bondad, fidelidad, mansedumbre, dominio propio;** *contra tales cosas no hay ley»* (Gá 5:19-23 NBLA).

Los que tenemos un tiempo en la iglesia sabemos que incluso dentro de ella hay personas y, por ende, amistades carnales. He estado orando por un pastor de una iglesia hermana que tiene una familia con un historial crónico de salir mal de iglesias, en medio de quejas, insatisfacción, difamación y demás. Ahora eso está afectando esta iglesia local nueva. Son personas que tienen influencia y por eso gozan de la atención de ciertas personas que son afectadas por chismes, quejas, rivalidades, enemistades, disensiones e incluso impurezas.

Lo que quiero dejar en claro es que no toda amistad «cristiana» es espiritual. Mejor dicho, que sea parte del Espíritu Santo. Ora por ser amigo y buscar amigos en el Espíritu Santo, donde mutuamente se estimulen al amor y a las buenas obras (He 10:24). Que el fruto de esas amistades en tu vida evidencie que son del Espíritu Santo al mostrar el fruto del Espíritu: «amor, gozo, paz, paciencia, benignidad, bondad, fidelidad, mansedumbre, dominio propio» (Gá 5:22-23)

De seguro habrás notado que los primeros tres sabores de este «helado» del fruto del Espíritu son el amor, el gozo y la paz. Esto es justamente lo que el sufriente, solo, deprimido/desanimado y ansioso/angustiado está muy desesperado por experimentar.

Las amistades de Reino son un regalo, pero para alcanzarlas es de mucha ayuda que primero te muestres amigo. Esto es una parte esencial del proceso para salir de un estado depresivo o ansioso. Se trata de alzar la cara y ver que hay un reino más grande que el propio, que podemos ser incluso útiles en donde estamos para el reino de Dios y las personas que le necesitan.

Joni Eareckson Tada quedó cuadripléjica a los 17 años luego de echarse un clavado en aguas poco profundas y romperse el cuello. Si no conoces su historia, puedes ver sus entrevistas en YouTube o buscar sus libros porque es una mujer asombrosa que nos muestra cómo Dios le ha usado en medio y después de una tragedia tan grande a ojos de muchos. Sin embargo, cuando Dios abrió los ojos de su alma, ella confiesa que pudo conocer a Dios de un modo que antes no lo conocía y pudo experimentarlo en su debilidad de maneras sobrenaturales. Ella comenta que parte de lo que le ayudó a sobreponerse a sus circunstancias fue empezar a servir y ayudar en la medida de su capacidad a personas que tenían un mayor daño que ella, incluso a personas sin daño en su cuerpo, pero con un alma paralizada.

Dios no nos hizo como islas, sino que su diseño involucra la vida en comunidad. Por lo tanto, en procesos como el que estamos llevando es clave detectar las personas que nos rodean, las voces que estamos escuchando y nuestras fuentes principales de atención. En resumen, se trata de responder a la pregunta:

¿A quién estamos siguiendo?

Solo al seguir a Jesús tenemos la luz de la vida, una luz que echa fuera las tinieblas de la muerte, el desánimo y la angustia. Jesús lo dijo con absoluta claridad: «Yo soy la Luz del mundo; el que me sigue no andará en tinieblas, sino que tendrá la Luz de la vida» (Jn 8:12 NBLA).

David continúa hablándonos de una certeza que Dios da y el rey conoce; si corres tras otros dioses, lo único que lograrás será multiplicar las aflicciones. Rebelarse contra Dios y hacer la voluntad propia sólo conseguirá que lleguemos, tarde o temprano, al punto que tanto queríamos evitar al tener que humillarnos ante Dios.

Si eres joven sé que pensarás que lo que acabo de decir puede ser una exageración, pero verás que Dios tiene razón. Cuando aparece una amenaza o viene el desánimo, tendemos a «correr» a dioses funcionales que creemos que «nos salvarán» o ayudarán, incluso a sentirnos mejor. El problema es que sentirse mal puede ser el grito de tu alma como una demostración de que en el fondo estás mal. Cuando eso pasa nos apresuramos a acudir a nuestros dioses que nos ofrecen una «salvación chiquita y de corta duración». Bueno, Dios nos anuncia aquí si entiendes un poco de matemáticas, que la aflicción se multiplica cuando tu corazón se inclina a otro dios.

Tanto lo sabe David que termina anunciando, en otras palabras, que ni participará de lo que ellos hacen o promueven, ni siquiera mencionará sus nombres, es decir, ni participará en su conversación (v. 4). Hablando de lo que te rodea, muchas veces hay que tomar decisiones radicales para problemas radicales.

Un pastor anciano decía: «Si tienes problemas con la bebida, no te metas a una cantina a comprar un refresco». Hay personas, voces y fuentes que debes dejar de contactar de una vez por todas. Ha llegado el momento de buscar el contacto correcto: Dios y lo que a Él le agrada. Debes orar y procurar entornos con personas que tengan a Dios como ese mismo deleite.

En medio de la angustia, David declara: «El SEÑOR es la porción de mi herencia y de mi copa; Tú sustentas mi suerte [destino]» (v. 5). No he recibido ninguna herencia en esta tierra, pero la idea de recibir una herencia me encanta. Que una persona decida dejarme algo por puro afecto es algo que me encantaría. Una herencia es algo increíble, algo que uno espera y se goza cuando la recibe. Hoy están de moda incluso las herencias en vida; esto no es nada nuevo porque Jesús nos entregó una.

David está diciendo lo que yo quisiera que pase y quisiera recibir, lo que me toca por afecto es a Dios mismo. Él también enfatiza después que Dios mismo es la bebida (copa) que más desearía tomar. Muchos tenemos bebidas favoritas para tiempos distintos. Por ejemplo, no vas a querer un café mientras corres un maratón y no quieres una bebida hidratante en una noche fría a la luz de una fogata.

David escoge como su bebida favorita a Dios en medio de la angustia, en la cima de la montaña, en tronos y desiertos, siempre prefiere a Dios. Me gusta como David lo expresa porque no es que no hayan otras opciones, sin embargo, él mismo sabía del error que es preferir otras «bebidas» para el alma y el dolor, vergüenza y muerte que causarían. En este mundo hay una infinidad de «dioses» que ofrecen llenar nuestra copa, pero se trata de preferir lo mejor…

Cristo es mejor

David sigue hablando de lo bien que le fue al tener a Dios como su herencia (v. 6). Esto me emociona porque el problema de la presentación, la amenaza que sufre no se ha ido, pero él está recordando y afirmando que tampoco Dios lo ha dejado. Al igual que muchos de nosotros, David, aprendió a decir:

Señor, prefiero el desierto contigo, que el valle sin ti.

Tu presencia en este tiempo, es lo mejor y lo más hermoso que me pudo pasar.

Gracias doy a Dios por Jesucristo, que es justo lo que recordamos en Navidad, que nació Emanuel: Dios con nosotros.

Las declaraciones de David son clave para entender la realidad de su corazón transformado. Él afirma que Dios sustenta su suerte/destino (v. 5) y que le encanta lo que le tocó como herencia porque todo es hermoso (v. 6). Parte de la amenaza que causa la angustia o del desánimo con que habita el depresivo es una desesperanza o terrible incertidumbre del mañana. Recuerda que la ansiedad es ver un futuro sin la presencia de Jesús.

Cuando Jesús forma parte de la ecuación en nuestras vidas y actúa como «común denominador» (las matemáticas no son mi fuerte, pero quizás te ayuden a entender mejor estos términos), el resultado siempre será GOZO y PAZ. En la fórmula habrá elementos feos y que meten ruido, pero cuando Jesús te sostiene, el resultado está garantizado: Su gloria y tu bien (que ya vimos que es lo mismo). Podríamos pensar que nuestra ecuación siempre terminará en rojo porque los elementos feos y ruidosos parecen ser muy numerosos. Por ejemplo, podrías preguntarme, Kike, ¿cómo puedo decir que es hermoso lo que me pasó? ¿cómo podría decir que es hermoso? Por ejemplo:

- Descubrir la infidelidad de mi esposo.
- El diagnóstico del médico que no quería escuchar.
- El accidente que sufrí (escucha el testimonio de Joni E. Tada).
- La muerte de mi mamá.
- El cáncer de mi hijo.
- Haber sido abusada por mi padrastro.
- Covid-19.
- Despido de mi trabajo.
- _____ (aquí pon lo que tú sufriste).

Leamos de nuevo, David no dice que es hermoso el sufrimiento. Él señala que es hermosa la herencia que le ha tocado y no es ahorita el sufrimiento, sino que es algo que sabe que experimentará, pero que ya reconoce como propia.

NO estoy tratando de minimizar el sufrimiento de aquellos que están pasando por una depresión o ansiedad profundas. Entiendo muy bien ese sufrimiento porque ya te hablé de cómo Dios usó una depresión suicida para llevarme a sus pies. Los que me conocen tienen más detalles de la vez en que intentaron secuestrarme cuando tenía unos 12 años. Recuerdo que bloqueé por años ese suceso de mi mente, pero seguía despertándome por las noches hasta hace no mucho tiempo, incluso ante la amenaza de que mi hijo pueda pasar por lo mismo. Ver a mi esposa en posición fetal por el dolor causado por su enfermedad me ha dejado paralizado. No poder hacer nada para ayudarla, salvo cargarla para llevarla a la clínica más cercana y sin saber cómo Dios proveería para los gastos médicos. Conozco el sufrimiento de primera mano y podría hablar de engaños, traiciones, crisis financiera y, como diría mi mentor Vance Pitman, «los golpes en el estómago» que nos da la vida.

Pero más allá de todos esos sufrimientos y sentimientos dolorosos, entre más conozco a Dios y más sirvo buscando que otros le conozcan, puedo decir junto con ellos y David:

¡La herencia que nos tocó está espectacular!

Lo que debe quedar sumamente claro es que Dios no desperdicia absolutamente nada, Él usa todo. Cuando Él es a quien prefieres por encima de todo, todo obra para tu bien porque lo más importante es estar con Él y eso ya lo tienes y para siempre.

Veremos mañana cómo Dios es también nuestro principal consejero, cuándo puedes tener cita con Él y sobre todo cómo esto termina con lo que tanto buscas: Gozo y Paz (descanso). Mientras tanto, registra tus 5 Cs durante el día y envíaselas por la noche antes de dormir a tu consejero/pastor.

5 CS (DÍA 16)

Aún caminaré este contigo, pero te dejaré añadir los elementos que quieras sumar a tu propia reflexión:

CONDICIÓN. ¿Quién soy en Cristo?/¿Quién dice Dios que soy?

> Mi herencia es Dios. Lo que prefiere mi alma es Él. Mi deleite está en rodearme de personas que lo amen y me estimulen a amarlo más.
>
> _____
>
> _____

Conversación. Soy de Cristo, mi vida le pertenece. ¿Qué relaciones o voces tengo hoy cerca que me distraen de que la voz principal sea la de Dios en mi vida?

Siendo honesto, _____ (enumera las personas, voces, influencias, contactos, relaciones, fuentes que Dios te muestra que te distraen de Él. Si no tienes nada, pídele a Dios que te muestre), me restan en esto, me distraen y contaminan, mi vida produce fruto de ello, cosas que hoy entiendo que no le gustan a Dios _____ (afán, pasiones desordenadas, miedo, ira, chisme, queja, etcétera).

Pero entiendo que la responsabilidad es mía, David me enseñó a que él declaró a Dios y públicamente sus convicciones y preferencias, hoy quiero hacerlo yo:

_____

_____

_____

¿Por qué creo que Jesús me va a dejar o abandonar mañana, si cuando yo lo dejé y abandoné, Él siguió siendo fiel, y me recibió de vuelta?

¡Necesito a Dios!

Compromisos.

- Expresaré a Dios y a mi pastor/consejero la realidad de esas voces e influencias que sigo para que me pida cuentas y ore por mí, ayudándome a priorizar la voz de Jesús que necesito.
- Traeré toda mi vida a la luz, no quiero ya nada oculto. Si Jesús es la luz, yo quiero habitar en su luz y que Él me alumbre todo y me dé vida.

_____

_____

_____

Comprobantes.

1. Me encontré que paso demasiado tiempo en redes sociales, solo viendo temas de lo mal que hace el gobierno, la inseguridad en nuestros países y las amenazas y cantidad de contagiados y muertos por COVID. Eso no se compara en nada con el tiempo que le dedico a Dios, Su Palabra y la meditación en Sus promesas. Dedicaré mi primera hora del día a Dios. Si financieramente se habla de un diezmo del cual Dios es digno, ¿no debería apartar mínimo el

10% de mi día a Dios? Empezaré por 25 minutos y rendiré cuentas de ese tiempo.

2. _____

3. _____

4. _____

CLAMOR. Registra aquí tu oración y al terminar envía las 5Cs a tu consejero/pastor.

_____

_____

_____

Mi Consejero y cuándo tengo cita

*«Al Señor he puesto **continuamente delante de mí;***
Porque está a mi diestra, permaneceré firme.
*Por tanto, **mi corazón se alegra y mi alma se regocija;***
También mi carne morará segura»
(Sal 16:8-9 NBLA, énfasis mío).

———————

Dime a quién le prestas atención y te diré en quién te estás convirtiendo. Seamos honestos, si eres normal tienes al menos una persona a la que sigues, ya sea deportista, artista, figura pública, incluso un pastor o maestro que, si lo encuentras en un lugar o comparten una mesa en un evento, te pondría un poco nervioso.

Por ejemplo, en el movimiento de consejería bíblica sabemos que hay «figuras» por las cuales uno daría un brazo izquierdo por una cita o por participar en un proceso de consejería con ellos (es una exageración para demostrar que son importantes para nosotros, no

vayas a decir que esto es idolatría). Honramos, reconocemos y encontramos gran valor en interactuar y si es
posible aprender directamente de personas que consi-
deramos que tienen algo admirable en ellos.

Ahora tenemos a Paul Tripp, Elyse Fitzpatrick, Jeremy Pierre o Brad Hambrick, que son para nuestra generación lo que Jay Adams, David Powlison y otros que ya
son miembros del salón de la fama de la consejería bíblica. Es cierto de que no podremos tener acceso a ellos de
este lado de la eternidad, pero sí tendremos acceso a su
Señor y Consejero cada día de nuestras vidas.

El Salmo 16 continúa enseñándonos otra clave
esencial en la transformación de un estado bajo ataque
y angustiado, a un estado de gozo, alegría y descanso
en ambos niveles necesarios para nuestro ser. El verso
9 dice: Por tanto,

- Mi corazón se alegra.
- Mi alma se regocija.
- Mi carne / cuerpo descansa / morará segura.

Es fascinante notar que las tres cosas que tanto buscamos (alegría, gozo y descanso) están disponibles en
Dios, la fuente correcta. Pero también es importante
notar que el pasaje empieza con un «Por tanto». Si no

has estudiado jamás hermenéutica, hoy te daré una lección fundamental. Cada que la Biblia diga «por tanto», tienes que retroceder en el argumento para descubrir a qué se refiere esa conclusión, ya que lo que se dirá a continuación es consecuencia de lo que ya se ha dicho. Si no tienes clara la causa, será bien frustrante no entender o acceder a la consecuencia. En este caso se trata de algo que buscamos con desesperación.

David nos dice de dónde viene ese corazón alegre, el alma con gozo y un cuerpo con descanso.

*«Al Señor he puesto **continuamente delante de mí;***
Porque está a mi diestra, permaneceré firme»
(Salmo 16:8 NBLA, énfasis mío).

David sabe que cuando las amenazas y circunstancias quieren gobernar lo que ve y siente, él tiene la certeza y disciplina como para saber que debe poner a Dios enfrente suyo para atenderlo y contemplarlo (ver Salmo 27). Eso no es lo que estamos acostumbrados a hacer. Nueve de cada diez aconsejados que están atravesando una crisis desesperanzadora, tienen un mismo patrón que se caracteriza por poner continuamente delante de ellos lo que les pasa, les hicieron, sufren, no tienen, no les gusta, etcétera.

Una amada hermana se nos adelantó y partió para estar con nuestro Dios. Ella sufrió el dolor terrible que produce un cáncer de páncreas en etapa terminal. Sin embargo, durante la última noche que fui a visitarla antes de que partiera, en cuanto pudo hablar dijo dos cosas que me dejaron tan tranquilo porque mostró con claridad meridiana dónde estaba puesta su mirada. Los que la conocemos sabíamos que era lo único que la pudo sostener en tan terrible batalla por meses:

• Pastor, quisiera servir más a mi Dios.
• Quiero cantar alabanzas.

Pero ella no es un caso único. Por el contrario, se trata del común denominador de una vida que, como el salmista, ha perseverado en medio de la angustia y ha puesto al Señor delante de sí mismo.

La amenaza en la vida de David no ha desaparecido y quizás tampoco la tuya ni la mía, pero eso no logró que David perdiera de vista que tenía una cita, un encuentro personal, una sesión de consejería, un momento de intimidad con el Consejero, quien le permitiría, al estar de su lado, permanecer siempre firme. Necesitamos permanecer firmes, no únicamente experimentar firmeza por un momento, sino verdaderamente habitar firmes.

Este mundo es como las olas que van y vienen golpeando con fuerza, por eso insisto en que no puedes estar simplemente sobre una barca, sino que necesitas una roca, la Roca de nuestra alma, contra quien las olas den con toda su fuerza, pero no podrán sacudirla. Como consecuencia, podremos estar confiados, firmes y seguros porque hemos hecho nuestra habitación en esa Roca.

David tuvo que vivir exiliado en medio de cuevas, desiertos y lugares que muy probablemente nunca estuvieron en sus planes. Él establecía su habitación temporal en todos esos lugares escabrosos y siempre apartaba el espacio para estar delante de Dios, siguiendo a su Señor, pasando un tiempo tranquilo delante del Señor. Esto debemos hacer, permitir que incluso al conocernos, con la sola «mirada» nos dirija.

«Yo te haré saber y te enseñaré el camino en que debes andar;
Te aconsejaré con Mis ojos puestos en ti.
No seas como el caballo o como el mulo,
que no tienen entendimiento;
Cuyos arreos incluyen brida y freno para sujetarlos,
Porque si no, no se acercan a ti»
(Salmo 32:8-9).

¿Recuerdas cuando te portabas mal y tu mamá o papá no tenían que decirte nada, bastaba su mirada para saber cómo te iría volviendo a casa? También era igual cuando hacías algo bueno y bastaba su mirada y actitud para que supieras que estaban contentos y orgullosos de ti. Bueno, eso no es ningún poder telepático ni misterioso, sino que es simplemente el fruto de habitar juntos, de sentarse continuamente a la mesa juntos, de pasar una vida caminando juntos.

¿Qué harías si pudieras tener una hora gratis con quien consideras el mejor consejero que te puede ayudar? Tengo el gozo de haber sido bendecido al poder encontrarme, sentarme a la mesa y conocer a personas por quienes no hubiera dudado en pagar por tener acceso a una hora de su tiempo y sabiduría. Hoy incluso muchos de ellos me han concedido la gracia de ser considerados como amigos personales. Cuando sé que les voy a ver o gozar de su atención por unos minutos, sé que no hay tiempo que perder, llevo preguntas hechas y mi objetivo es aprender todo lo que pueda de ellos para poder practicarlo y crecer.

Bueno, para mí eso es un accesorio de gracia que refleja lo que sé que Dios me ofrece cada mañana, cada momento y cada noche. Los primeros ocho capítulos de Proverbios están repletos de invitaciones de Dios para que le prestemos atención y vivamos por Él. Hoy es un buen momento vital para empezar a hacerlo. Un momento engañoso para dejar de hacerlo es cuando crees que «ya no le necesitas tanto». No lo dirás en voz alta, pero si somos honestos, sabemos del peligro latente durante los tiempos de bonanza, donde la intimidad con Dios parece volverse algo que podremos pasar por alto y que no afecta gran cosa. Es por ello por lo que algunas veces Dios nos concede amenazas y angustias para poder recordar lo que nuestra alma sabe bien que Él que no puede menospreciar.

Dallas Willard le dijo a John Ortberg lo que debe hacer prevalecer en un momento de crisis y desánimo. Yo lo he atesorado como una realidad necesaria:

«haz lo que tengas que hacer para ordenar tu vida alrededor de hallar tu gozo, plenitud, identidad y confianza en tu intimidad con Dios».[39]

Dallas lo sabía porque era una constante visita a la presencia de Dios. Lo enseñaba porque lo practicaba y al hacerlo experimentaba la misma promesa de «per-

---

[39] Ortberg, John, «Guarda tu Alma: Cuidando la parte más importante de ti», Vida, Miami, 2014.

manecer firme» a la que David accedía al ir a la presencia de su Dios. Lamentablemente, no se trata de una práctica muy popular aun entre los cristianos. Conozco mamás luchonas y papás superhéroes que por fuera lucen que tienen todo bajo control, pero por dentro se están cayendo a pedazos porque no han seguido el consejo y el modelo de David cuando dijo, «Al SEÑOR he puesto continuamente delante de mí; Porque está a mi diestra, permaneceré firme» (v. 8).

Permanecer firme en la presencia de Dios es la fuente para toda nuestra seguridad y fortaleza. Me encanta que involucre los tres niveles de la persona: corazón, alma[40] y un cuerpo descansado. Por el contrario, poner delante de uno lo que el mundo ofrece tiende a pagar con otra fórmula triple: un corazón cansado/afligido, un alma angustiada y un cuerpo alegre (por momentos).

Lo anterior me ha llevado a enfatizar, desde mi primer libro, la importancia no solo de exponerte a la Verdad, sino de estimularte a tenerla siempre delante de ti (esa es la razón para la transcripción, las alarmas del alma y la activación que hemos estado practicando

---

[40] En el original se puede traducir como lengua/boca/conversación, por eso destaco que se traduzca como «alma» en español, porque una parte clave del alma es lo que nos decimos.

todos estos días).

Yo tengo que reconocer que soy experto en saturar mi conversación de todo lo que tengo en frente y no me gusta y también tengo un posgrado en queja frecuente. Hay un pasaje de Jeremías que es verdad para mí y fue mi primer llamado hace más de 15 años cuando Dios rescataba mi alma y me sacaba del estado depresivo en que había caído. Dios me dio estas palabras para hacerlas mías:

> «¿Por qué es mi dolor perpetuo
> Y mi herida incurable, que rehúsa sanar?
> ¿Serás en verdad para mí como corriente engañosa,
> Como aguas en las que no se puede confiar?»
> (Jer 15:18).

Yo sentía que mi herida no sanaba, mi dolor no acababa y que Dios era para mí como aguas inestables. Recuerdo haber leído esas palabras y sentir mis ojos llenarse de lágrimas porque yo mismo pude haber escrito ese mensaje a Dios durante esa temporada de mi vida. Pero Él le contestó a Jeremías y a mí: (mis notas en la columna de la derecha):

Entonces dijo así el Señor:	
«Si vuelves, Yo te restauraré,	Yo había dejado a Dios, le había menospreciado y todo lo que veía no era su gran bondad, amor generoso y tremenda paciencia, sino mis heridas, consecuencias claras de mi necedad; pero Dios prometió restaurarme...y lo hizo más allá de lo que imaginé esa noche.
En Mi presencia estarás;	Ese es mi llamado, para eso existo, para Su presencia, intimidad con Él, por siempre.
Si apartas lo precioso de lo vil,	Debo seleccionar en qué me voy a clavar y atender, contemplar y hablar, aparte de todo lo vil qué hay delante, hay algo virtuoso y es Dios y Su voluntad que igual está a la mesa cada mañana para ti y para mí.

Serás Mi portavoz.	Aquí se activó en mi caso, mi llamado a predicar Su Palabra, pero no tienes que ser llamado a ser predicador, pastor, maestro de la Biblia necesariamente, mas sí ser portavoz de Su Nombre y esperanza para otros.
Que se vuelvan ellos a ti, Pero tú no te vuelvas a ellos.	Vivimos en este mundo, pero no somos de este mundo, nuestra vida tiene que anunciar el reino al que pertenecemos, el de Dios, y no acomodarnos y que no haya diferencia entre nuestra vida y la del que no conoce a Dios aún.

Me encantaría decirte que allí termina el pasaje y vivimos felices por siempre, pero es así. Cada cierto tiempo Dios concede a mi vida una tormenta para ayudarme a no descuidar la edificación de mi vida afirmando nuevamente que lo hago sobre el fundamento correcto: Jesús.

Problemas, crisis, enfermedades, cirugías, errores propios y ajenos, acusaciones, traiciones, personas queridas que caen, valles de depresión, tiempos de angustia y hasta pandemias son parte del paquete de este lado de la eternidad. Sin embargo, no podemos negar que Jesús nos dijo con absoluta sinceridad y claridad, «Estas cosas les he hablado para que en Mí tengan paz. En el mundo tienen tribulación; pero confíen, Yo he vencido al mundo» (Jn 16:33). En el mismo pasaje de Jeremías en el que el Señor me estaba hablando, Dios continúa hablando de lo que vendría (mis notas están entre paréntesis):

> «*Y te pondré para este pueblo* (las heridas más profundas desde entonces, me las han hecho miembros nominales o verdaderos del pueblo de Dios).
> *Por muralla de bronce invencible;*
> *Lucharán contra ti,*
> *Pero no te vencerán,*
> *Porque Yo estoy contigo para salvarte*
> *Y librarte, declara el Señor*» (Jer 15:20).

Mi esperanza no está en que yo pueda vencer o defenderme y contraatacar, no se trata solamente de «salir adelante», sino que mi confianza esté en lo que declara el Señor:

> «*Yo estoy contigo para salvarte y librarte [defenderte]*»
> (Jer 15:20b).

¿Sabes? Con lágrimas en los ojos puedo decirte, ¡Dios no ha fallado en lo que prometió! Las aflicciones van y vienen, pero Su presencia es inconmovible. Por eso una vez más te invito a conocer, reconocer y clamar. Conocer a Dios, comprometerte con Él, hacer lo que tengas que hacer para ordenar tu vida alrededor de tu cita más importante:

¡Ponerte delante de Dios!

Es importante reconocer que no es la ausencia de aflicciones lo que resolverá todo, sino la presencia de quien es todo para ti. No olvides las palabras del salmista, «Tú eres mi Señor; Ningún bien tengo fuera de Ti» (Sal 16:2). Será muy complicado que sepas esto si no has probado todavía que Dios es todo para nosotros.

Clamemos a Dios para que siga haciendo lo que tenga que hacer para lograr que tu alma no se separe de Él. Si un día se te olvida, la vida te distrae o el cáncer de la comodidad sin gratitud y devoción entregada a Dios, (una de las peores enfermedades que nos afectan y poco a poco adormecen y matan el alma) te afecta, entonces que Dios te estorbe y no te deje tranquilo hasta volver a Su presencia, de la manera y forma en que Él sea reconocido como digno.

5 CS (DÍA 17)

Ahora sí, vas solito, dale:

CONDICIÓN. ¿Quién soy en Cristo? / ¿Quién dice Dios que soy?

_____

_____

_____

CONVERSACIÓN.

_____

_____

COMPROMISOS.

_____

_____

COMPROBANTES.

1. _____
2. _____
3. _____
4. _____

CLAMOR. Registra aquí tu oración, y al terminar envía las 5Cs a tu consejero / pastor.

_____
_____
_____
_____

¡Buen trabajo! Nos hablamos mañana.

¡NO QUITES A DIOS DE DELANTE DE TI! ¡ENFÓCATE!

La batalla es por tu atención, no olvides eso.

Día 18

¿Dónde está el gozo?

*«Porque **Tú no abandonarás mi alma** en el Seol,*
Ni permitirás que Tu Santo sufra corrupción.
Me darás a conocer la senda de la vida;
En Tu presencia hay plenitud de gozo;
*En Tu diestra hay **deleites para siempre**»*
(Sal 16:10–11 NBLA, énfasis mío).

———

— ¿Cómo están? (Preguntó el maestro de ceremonias).
— Bien (contesta el público).
— Comuníquenselo a su cara».

Pocas cosas pueden ser más odiosas para el que se siente miserable, deprimido y afligido que saber que alguien es capaz de ver lo que creemos que nadie ve o nota: lo miserables que estamos y que por dentro solo estamos subsistiendo, esperando simplemente que esta

299

vida termine pronto. Si no ha terminado, créanme, no es por falta de oportunidades, ya que yo conozco por experiencia propia lo que es estar deprimido y buscar, idear, googlear, manejar de cierto modo o a cierta velocidad, e incluso incursionar en acciones que aumenten la probabilidad de un accidente mortal.

Es evidente que uno no puede esconder su estado de ánimo. A veces es más visible cuando uno se encuentra bien, pero, por otro lado, sabemos que cuando uno está bien y con gozo, no se puede esconder. Es como si fuera muy evidente y hasta se viera el lugar en dónde estamos. De seguro te estás preguntando a qué «lugar» me estoy refiriendo. ¿Estamos hablando de sensaciones? No, estamos hablando de nuestro hábitat.

Por lo menos en México, aunque sé, que pasa en más países de Latinoamérica, cuando extranjeros vienen, lo primero que hacen los «locales» para «ayudarle a hablar español» al pobre extranjero es enseñarle groserías. Allí está el pobre güero, que se ve a kilómetros que no es de aquí, diciendo «palabrotas» sin siquiera decirlas bien, sin contexto y sin siquiera saber qué significan en realidad. Es obvio que esa persona no es de aquí. Bueno, a nivel del alma, tu vida siempre va a comunicar «de dónde vienes».

Yo odiaba llegar del «antro»[41] (cuando iba) y quitarme la ropa apestando a cigarro. Yo no fumaba, pero aun así no podía decirles a mis papás «vengo del fut», porque mi ropa apestaba a antro. En el mismo sentido, tú puedes decir que «estás bien», pero tu vida apesta fuertemente a angustia y aflicción. Podrías intentar ponerte el perfume de «no estoy tan mal», la máscara de «la sonrisa Photoshop» en redes sociales para que, sin importar cuán miserable estés, más pública quieras hacer su ficción de una supuesta alegría inexistente.

Por favor, tú no seas así. Ya el mundo está saturado de personas que dicen una cosa y viven de otra manera, de *influencers* que se ven felices en las pantallas, pero a solas son miserables que contemplan sus heridas. Si vas a ser un testigo de Jesús, asegúrate primero de que tu vida no «huela» a que no vienes de estar con Él. Sí, repito, hay «perfumes» que crees que engañan momentáneamente, pero al final es obvio de dónde vienes en realidad.

El salmo en que hemos estado reflexionado empieza bajo una gran amenaza y termina bajo la gracia de Dios, bajo el refugio de la promesa de Dios más importante y de la mayor certeza de nuestra alma. Dice Da-

---

[41] Lugar de mala reputación.

vid, «Porque Tú no abandonarás mi alma en el Seol, Ni permitirás que Tu Santo sufra corrupción» (Sal 16:10). Este versículo nos apunta la cumbre de las promesas, es decir, que en Cristo ya no moriremos. La muerte de este lado de la eternidad es nada más la caseta que cruzamos para volver a nuestro hogar, a donde, de por sí, ya queríamos estar... pero ahora será para siempre.

Lo que acabo de decir se logra cuando ponemos nuestra vida en Jesús, quien justo cumplió en su vida esas palabras y venció a la muerte para que nosotros no tengamos que enfrentarla con miedo o sin esperanza. Lo que queda claro es que esta aflicción y angustia (ansiedad y depresión), no eran parte del diseño original, ni serán parte del gran final. Son consecuencia del pecado por las que Cristo ya ha pagado en la cruz por nosotros.

En el principio no hay ningún registro de angustia, dolor o tristeza (Gn 1-2). Dios es el ser más gozoso del universo, por lo que en el relato de Su creación no lees nunca algo como esto: «...y luego dijo sea la luz, y fue la luz, y no le gustó como quedó, pero bueno, el día siguiente tenía que hacer otra cosa y creó más cosas». Por el contrario, todo lo que hizo era bueno y al final la evaluación fue que todo era «bueno en gran manera» (Gn 1:31). La vida empezó para nosotros en un jardín, uno tan bonito que te invitaba a descansar y disfrutar. Fue en ese jardín donde se realizó la primera boda (momento de gozo y disfrute). Sin duda había una relación personal con el Dios de gozo y paz.

Pero teníamos que echarlo a perder ¿verdad? Le creímos a la serpiente astuta que nos dijo que podíamos ser como Dios, sin Dios. ¿Te suena? Es el mismo engaño que administra este mundo, sigue «vendiendo» lo mismo y pagando con lo mismo: muerte y en el trayecto aflicción, dolor, angustia y desesperanza.

Es por eso por lo que, cuando se anuncia el nacimiento de Jesús a los pastores cerca de Belén, él ángel les dice: «les traigo buenas nuevas de gran gozo que serán para todo el pueblo» (Lc 2:10). El gozo es parte de lo que Jesús vino a restaurar y cuando nos rescata nos da acceso directo a la fuente misma del gozo.

¿Sabes cómo termina todo? Te lo cuento porque ya leí el final que el Señor ya ha revelado porque cumplirá todas sus promesas sin falta. Será en una ciudad-jardín y se celebrará una boda, la del Cordero, un evento para el cual Dios nos está preparando (Ef 5).

Nosotros sí tenemos acceso a una probadita de esa ciudad-jardín y al gozo de esa boda eterna. Eso sucede durante ese momento, esos minutos, esa hora o el tiempo cuando nos apartamos de todo para intimar y conectar con Aquel que es nuestro todo y de quien dependemos por completo. Me estoy refiriendo al momento en que entramos a Su presencia.

¿Sabes cuál es el regalo más especial que puedes dar a una persona hoy? Tiempo y atención. Esos son recursos escasos en el mundo contemporáneo tan saturado por la prisa y la urgencia. No es de extrañar que desde el nacimiento de las redes sociales el año 2001, éstas empiezan a tomar un lugar prioritario en la oferta por nuestra atención y, junto con esta nueva forma de vivir, también aumentaron exponencialmente los casos de depresión, suicidios, ansiedad, ataques de pánico y otras «enfermedades o trastornos» mentales (según el mundo).

Si nuestra alma fue diseñada y creada para un jardín y una gozosa celebración en Dios, como diríamos en mi casa, «haz la matemática y saca tus propias cuentas». Si quitas a Dios de su lugar en el alma de las personas y el jardín es convertido en una industria desgastante en búsqueda de un futuro seguro y un disfrute presente, entonces la vida se torna en una serie de relaciones saturadas de decepciones, heridas, engaños y desesperanza.

De nuevo, ¿ya entiendes por qué hay una batalla e incontables ofertas por tu atención cada mañana, cada instante y antes de dormir (si es que puedes descansar)? Tenemos un enemigo que sigue siendo muy astuto y habitamos en un sistema de valores que administra con una precisión destructora. Por eso nuestro Rey nos dice, «Yo los envío como ovejas en medio de lobos, por tanto, sean astutos como las serpientes e inocentes como las palomas» (Mt 10:16).

Tienes que apartar el tiempo para Dios, nadie te lo va a ofrecer. Si tú no tomas tiempo para detenerte y atender a Dios, nadie te lo dará; pero Dios sí te lo pedirá y de un modo que no quisieras que lo hubiera hecho. Debido a que te ama celosamente y te creó para Su gloria, tu descanso y disfrute (que es lo mismo para nuestra alma), como un buen Padre Celestial te va a enseñar que Él tenía razón.

Este salmo hace una transición gloriosa que pasa de estar bajo amenaza a estar en la presencia de Dios. Eso es lo que hace una diferencia marcada para David, para mí y muchos otros que sabemos lo que es pelear contra la carne temerosa, ansiosa y ensimismada. Por eso estoy seguro de que la marcará para ti también.

5 CS (DÍA 18)

CONDICIÓN. ¿Quién soy en Cristo/¿Quién dice Dios que soy?

_____

_____

_____

CONVERSACIÓN.

_____

_____

_____

COMPROMISOS.

_____

_____

_____

_____

COMPROBANTES.

1. _____
2. _____
3. _____
4. _____

CLAMOR. Registra aquí tu oración y al terminar envía las 5Cs a tu consejero / pastor.

_____
_____
_____
_____

Día 19

El gozo del Señor es mi fuerza

«No se entristezcan, porque la alegría del Señor es la fortaleza de ustedes. Los levitas calmaron a todo el pueblo diciéndole: "Callen, porque el día es santo, no se entristezcan"» (Neh 8:10b-11).

———————

Fuerte en la Biblia no es el que puede, sino el que descansa en el Todopoderoso. Creo que «El gozo del Señor es nuestra fortaleza» es una de las frases más repetidas, pero menos entendidas en la iglesia evangélica de la actualidad.

Te contaré un poco del contexto, aunque es tristísimo, pero muy emocionante. Los judíos están embarcados en un proyecto de reconstrucción de Jerusalén, la «ciudad de Dios». La ciudad lleva años en ruinas como consecuencia del pecado del pueblo, no tiene ni murallas, eso significa que está desprotegida y a expensas de cualquier amenaza, hay división entre ellos mismos, desaliento, hasta resignación al ver la gloria de su ciudad hecha pedazos ya por muchos años.

Dios aviva a Nehemías, quien era el copero del rey, y le da gracia delante del soberano, el cual acepta su petición y le envía a reconstruir su ciudad. Un tiempo después, la gente está animada, unida, y empiezan una especie de servicio donde solicitan a Esdras (escriba) que lea «el libro» de la ley de Moisés que Dios había dado a Israel (8:1-3). Esa lectura duró por horas, desde el amanecer hasta el medio día (y tú quejándote del servicio de tu iglesia porque dura más de hora y media ☺). Luego de leer, interpretar y darle sentido a la lectura (v.8), los líderes le dijeron al pueblo:

«*"Este día es santo para el Señor su Dios; **no se entristezcan, ni lloren"**. Porque todo el pueblo lloraba al oír las palabras de la ley.*

*También les dijo: "Vayan, coman de la grasa, beban de lo dulce, y manden raciones a los que no tienen nada preparado; porque este día es santo para nuestro Señor. **No se entristezcan, porque la alegría/gozo del Señor es la fortaleza de ustedes"**».* (Neh 8:9-10 NBLA, énfasis añadido).

Pero me llama muchísimo la atención lo que los levitas le dicen después al pueblo: «Callen, porque el día es santo, no se entristezcan» (v. 11). Ante la realidad de lo que la Palabra de Dios nos expone, es común que nuestro corazón tienda a entristecerse ante la evidencia de nuestra incapacidad y la ofensa contra Su persona, pero una exposición completa de la Palabra no te dejará en esa condición, sino que te va a recordar, en medio de tu «reconstrucción», que hoy es un día santo para nuestro Dios y no solo eso, sino que el gozo del Señor es nuestra fortaleza. Por eso los levitas nos dan un plus cuando nos exhortan al silencio y a dejar la tristeza de lado.

Muchas veces no escuchamos la voz de Dios ni tampoco dejamos que haga su efecto, porque estamos saturados de nuestra voz (y la de otros) y solo percibimos el efecto que eso causa.

Como Pastor es común recibir a personas o mensajes que comunican con sus palabras que «ya están cansados de vivir como viven», pero la realidad es que en un gran porcentaje de ellos, como diría un amigo, «No me cuadra el audio con el video». Lo que dicen no concuerda con lo que hacen. Dicen estar cansados de vivir como viven, pero siguen haciendo las mismas cosas, oyendo las mismas voces, atendiendo los mismos deseos disfuncionales, incluso algunos hasta se enojan con Dios porque «no me ayuda. Yo oré, pero como que

Dios no me oye». Otros llegan a decir que están decepcionados de Dios, sin darse cuenta de que el problema es que se hablan mucho, en lugar de dejar hablar, atender y creerle a Dios.

Acabo de leer la noticia del suicidio por sobredosis del hijo adolescente de una celebridad. La mamá culpa a dos importantes redes sociales e invita a los padres a estar más de cerca supervisando el uso de las redes sociales de sus hijos. El mal uso de las redes suma múltiples voces a la fórmula tóxica que dice que no solo tienes tu carne, sino también un universo de voces y referencias con las cuales compararte; en su mayoría son un montón de cobardes que se disfrazan de valientes tras una pantalla y destruyen sin piedad a todo aquel que cometa el error de hacerlos su fuente de identidad y aceptación.

Por eso cuando estoy ayudando a personas en depresión y ansiedad y noto que el proceso no se destraba luego de haber sido expuesto el evangelio y caminado con ellos rumbo a Jesús, es que empiezo a prestar atención e incluso invito a eliminar de los dispositivos toda red social a la que ellos estén siguiendo. En ocasiones y si no es algo indispensable, les aconsejo eliminar de sus vidas los dispositivos móviles de forma temporal, así evitamos más bombardeo a la autoconservación de la persona que, en lugar de albergar conversaciones con Dios, las tiene consigo mismo y con las múltiples voces del mundo.

Por eso me gusta el consejo de los levitas: «Cállate, hoy es un día santo para Dios (este día Dios lo hizo para Él, ocúpate en Él), no te entristezcas». ¿Cuál es la razón para tal exhortación? «¡Porque el gozo del Señor es nuestra fortaleza!». Dios es el ser más gozoso del universo, su gozo no está condicionado por elementos externos, sino que está directamente vinculado a Su persona, que «gracias a Dios», no cambia .

Cuando te des cuenta de que la conversación contigo mismo te está llevando al hoyo de nuevo, recuerda al buen levita decirte: «Cállate, este día Dios lo hizo para Él, no estés triste». Estarás triste si sigues creyendo que los días son creados para ti y como lo que los días traen no gira alrededor y a favor de tu reinito con regularidad, entonces vendrá la depresión. Pero Dios no ha acabado, te está invitando a…

CONOCERLE Y VIVIR ESTE DÍA PARA ÉL

Esta semana hablé con un amigo que tenía sin ver casi 25 años. Él es hijo de Pastor y también pasó por una temporada durísima de depresión suicida. Él me dijo que la única razón por la que no se «quitaba la vida» era porque sabía que eso no le agradaba a Dios. En su clamor y de los que lo amaban, Dios proveyó una persona que le hablara la verdad y le dijera que, a pesar de haber crecido en la iglesia y estar saturado de una agenda de cosas «para Dios», en realidad, él no conocía a Dios ni sabía lo que era estar bajo autoridad. Aunque tenía un papá que era Pastor, él no lo veía como tal y, por ende, nunca había sido discipulado. Esta persona lo invitó a su iglesia y le enseñó. Finalmente, luego de pasar por el necesario proceso de desintoxicación y pudo por fin conocer a Cristo, abrazar el Evangelio y la identidad que ofrece, Dios le rescata, levanta, y restaura. Mi amigo describe este proceso en sus propias palabras como: «El Señor dándome más de lo que yo jamás imaginé».

Quizás este libro sea el levita de Dios que te dice,

«Cállate, este día Dios lo hizo para Él, no estés triste, mejor alégrate en que Él es Dios, te ama y tiene un plan infinitamente mejor que el tuyo, en Él. Síguelo».

Nehemías termina la historia con una fiesta de siete días. Me encanta que cuando se te expone la Palabra de Dios, se interpreta bien y la entiendes, entonces es verdad que viene tristeza producto de la evidencia de que estamos mal, pero hay esperanza. Una de las estrategias más obvias del enemigo es alejarte de toda interacción con la Palabra de Dios y la exposición a la misma. Pero si estamos oyendo a Dios es porque aún no ha terminado con nosotros y nos está invitando ahora mismo y a partir de hoy a entender que los días son hechos para Él, no para nosotros y que nuestro gozo vendrá cuando empecemos a vivir los días acorde con aquello para lo que fueron creados; es decir, para Dios.

Siendo honestos, estás en ruina porque con mucha frecuencia vives para ti y tomas decisiones en pro de tu reino. Incluso, si este no fuera el caso y se tratara de una prueba como las que la Biblia habla para examinar nuestra fe, igual nada cambia. Hoy es el día que Dios estableció para Él, alégrate y camina con Él.

Lo impresionante del amor de Dios es que, sabiendo todo lo que eres, has hecho y dicho, igual te siga amando y quiera andar contigo. ¡Eso es amor! Aun sabiendo lo peor de uno, Él dice:

¡Lo sé, te amo y no te voy a desamparar!

5 CS (DÍA 17)

Condición. ¿Quién soy en Cristo? / ¿Quién dice Dios que soy?

_____

_____

_____

Conversación.

_____

_____

_____

Compromisos.

_____

_____

_____

_____

Comprobantes.

1. _____

2. _____

3. _____

4. _____

Clamor. Registra aquí tu oración, y al terminar envía las 5Cs a tu consejero/pastor.

_____

_____

_____

_____

Día 20

Creado para temer

Bienaventurado [muy feliz] todo aquel que teme al Señor,
Que anda en Sus caminos.
Cuando comas del trabajo de tus manos,
Dichoso serás y te irá bien.
(Sal 128:1 NBLA, énfasis mío).

El temor no es el problema. Dios nos creó para temer, entonces el problema se presenta cuando tememos a la fuente equivocada. Todo cambió cuando llegué a esa conclusión. Llevaba bastante tiempo batallando con ansiedad ante amenazas reales y percibidas, pero de pronto empecé a ver en la Biblia que había un temor que sí era bueno:

El temor de Dios

De repente, el temor que parecía ser mi peor enemigo, tomó su lugar como una experiencia que Dios diseñó para que la experimente. Debía tener clara la diferencia entre un temor que mata y un temor que salva. Incluso esta diferencia es puesta en evidencia por el profeta Isaías cuando le decía al pueblo que no teman como el resto teme.

«Pues así el Señor me habló con gran poder y me instruyó para
que no anduviera en el camino de este pueblo, y dijo:
«No digan ustedes: "Es conspiración",
A todo lo que este pueblo llama conspiración,
Ni teman lo que ellos temen, ni se aterroricen.
»Al Señor de los ejércitos es a quien ustedes deben tener por santo.
Sea Él su temor,
Y sea Él su terror.
»Entonces Él vendrá a ser santuario...»
(Is 8:11-14a NBLA).

Vivimos en un tiempo en que preocuparse, estar ansioso, estresarse y tener miedo, se han vuelto prácticas tan comunes como lavarse los dientes. Sin embargo, este problema de la ansiedad y el temor no es nada nuevo, incluso a nivel de salud mental, porque todo tiene su origen cuando, como consecuencia del pecado y la muerte, nuestra mente empezó a operar fuera del diseño divino establecido para nosotros (Gn 3).

Antes de empezar quisiera señalar que lo que vas a escuchar aquí no es mi opinión ni tampoco es mi sugerencia, no es algo que estaría bien si lo haces, yo sólo te estoy pasando el recado de parte de Dios, quien destaca en este pasaje de Isaías tres asuntos importantes a los que debemos atender:

No andes/pienses/vivas en el camino/pensamiento como ellos.
No digas lo que ellos.
Ten terror, pero de Dios.

1. No andes/pienses/vivas en el camino/pensamiento de este pueblo (v. 11).

Te voy a dar un poco de contexto histórico. Israel, muy a su estilo, estaba confiando en Asiria y en «alianzas» externas, en lugar de confiar en el Señor; Dios le pide a Isaías que anote: «Veloz es el botín, rápida la presa» (8:1). Luego va donde su esposa, quien también es profetisa, tiene relaciones con ella y conciben un niño, y Dios le dice a Isaías que le ponga por nombre Maher

Shalal Hash Baz (v.3).[42] Imagínate llamarte así.[43]

El Señor continúa diciendo que antes de que el niño sepa decir papá, la riqueza de ciudades como Damasco y lo que han recaudado en Samaria lo perderán ante el Rey de Asiria (en quien ellos confían). Así es el pecado porque promete más de lo que da y al final todo te lo quitará. La razón para tal declaración viene a continuación (v. 6):

- Rechazaron la guía segura y tranquila de Dios (las aguas del Siloé que corren mansamente).
- Regocijarse con lo que los Arameos (Rezín era su rey) y Peka, hijo de Remalías, era rey de Israel (7:1).

Es curioso y bastante interesante que se trate de las autoridades de sus ciudades, pero ellos no son Dios y han guiado al pueblo lejos de Dios y Su Palabra. La consecuencia es evidente porque Dios traerá sobre ellos las aguas impetuosas (poderosas) y abundantes del Éufrates (Asiria).

---

[42] Maher-shalal-hash Baz son las palabras que significan en esencia: ya viene la destrucción, ya están aquí los ladrones.

[43] Esto se explica en Is 10:6.

Se podría resumir esta historia como la indisposición del pueblo a la guía de Dios pacífica, y segura. Ellos prefirieron confiar y alegrarse en lo que ese pueblo confía y se regocija, pero que no es Dios. Finalmente, ya que no quisieron calma, reposo y seguridad con Dios, entonces Él enviará poderosas y abundantes aguas (ríos / corrientes).[44]

Viene el quebranto y por más planes que hagas todos serán frustrados. Por más que todos digan que estarán bien, sus palabras no permanecerán. Ojo, solo la Palabra del Señor prevalecerá, no la nuestra (v. 9-10). Por eso Isaías dice:

«Pues así el Señor me habló	Esa Palabra sí permanece.
con gran poder y me instruyó	¿Con qué tono le habrá dicho? Isaías lo define como «con gran poder».
para que no anduviera en el camino de este pueblo...»	No ANDE / PIENSE / VIVA en el camino de este pueblo.

---

[44] Símbolo de pruebas, sufrimiento y dificultades. Algo parecido al (revolcadero de Acapulco, México), no es broma, revisa el v.8).

¡Guau! El camino por el que andas es al final del día tu propia vida y eso lo vinculará Dios con lo que piensas. De allí la importancia de saturar tu pensamiento con la Verdad. No la verdad de este mundo que cambia cada temporada, sino la Verdad de Dios que no cambia nunca.

Ahora puedes entender por qué se libra una batalla para que NO TENGAS INTIMIDAD con Dios en tus mañanas, distraerte para que no medites en Él durante el día y que te vayas a dormir sumamente cansado y creyendo que lo último que debes hacer es «desconectarte» y ver tele o tu dispositivo móvil para saber qué es lo que está pasando allá afuera, en lugar de «conectarte» con quien nos sostiene desde dentro y nos da un descanso verdadero.

Este mundo vive como si no necesitara a Dios, como Jerusalén en el tiempo de Isaías, que le daba la espalda a su Dios y se apoyaba en su rey corrupto y en sus alianzas «seguras». El problema es que muchas veces la iglesia pareciera vivir igual, ocupada en lo que este mundo se ocupa. Por eso Dios le advierte a Isaías:

NO VIVAS/PIENSES COMO ELLOS.

2. No digas lo que ellos (v. 12).

Si vives como ellos, entonces empezarás a hablar como ellos. Esa es la advertencia del Señor. Jesús dice con mucha claridad, «...de la abundancia del corazón, habla la boca» (Lc 6:45). Esto es muy fácil demostrarlo porque cuando tu conversación está llena de algo es porque tu corazón ya está lleno de ese mismo material.

Podemos ejemplificar esa abundancia a través de diferentes tópicos que suelen poblar nuestro corazón. La política suele llenar el corazón. Por ejemplo, durante tiempos electorales, me da mucha compasión e inquietud que, incluso en la iglesia, las personas parecen poner su esperanza en un candidato o partido político. Esto se hace muy evidente porque las conversaciones se saturan de descalificaciones para el candidato que no es el de su preferencia y familias, amistades e iglesias hasta se dividen por temas del estilo. Creo que la historia ha demostrado lo ingenuo que es poner tu esperanza en la política.

Además, vivimos un tiempo en que todo puede ser una ofensa, este mundo ofrece una oferta de causas de «justicias» por defender: *Black Lives Matter*, minorías, *Greenpeace*, calentamiento global y muchas más. En el mismo sentido, es bastante común repudiar a todo aquel que piense distinto o apoye apasionadamente otra causa que no sea la tuya.

La industria del entretenimiento es otra herramienta que no necesariamente está mal, pero de seguro que ya comprobaste que no terminas de ver el *Super Bowl* y dices, «guau, me siento con más paz» o acabaste tu baile en *TikTok* y ya te sientes una mejor persona por haberlo hecho.

Repito, no estoy diciendo que esté mal pelear contra la injusticia, divertirse y grabar videos. El problema es CUANDO SE VUELVEN EL CENTRO DE LO QUE SOMOS Y EL OBJETIVO POR EL CUAL VIVIMOS. Revisa cuántas horas pasas en todo eso y podrás descubrir cuánto de tu vida inviertes o gastas. uno de mis principales mentores, el Pastor Vance, me sugirió activar y revisar el registro de actividad de mi teléfono y tengo que decirte que fue iluminador darme cuenta de la cantidad de horas que gastamos en todo eso sin darnos la menor cuenta.

Por eso es clave una iglesia sana, un lugar donde se habla de temas trascendentales, de un Reino que vale la pena hoy y siempre, que salva y es eterno. En los grupos en casa o de comunidad se estimulan conversaciones del reino de Dios y se rompe el ciclo de los temas tan populares, pero que son vanos, temporales o distractores.

De seguro hay más de uno que se está preguntando, «Oye, pero si no hablo de _____, ¿entonces de qué hablo? Ya no tendría amigos». Mi respuesta es bastante simple: quizás es momento de cambiar de amigos si es que no puedes impactarlos para Dios con tus interacciones. Pero esa conversación no es nada más externa, también es interna; mira conmigo este pasaje de Nehemías:

> «No se entristezcan, porque la alegría [el gozo] del Señor es la fortaleza de ustedes. Los levitas calmaron a todo el pueblo diciéndole: "Callen, porque el día es santo, no se entristezcan". Entonces todo el pueblo se fue a comer, a beber, a mandar porciones y a celebrar una gran fiesta, porque comprendieron las palabras que les habían enseñado» (Neh 8:10-12 NBLA).

¿De qué está llena tu boca?

- Queja
- Incertidumbre
- Insatisfacción

- Frustración
- Lamento del pasado
- Miedos por el futuro

Para cambiar ese sabor amargo de la boca, debes empezar cada día por llenar tu corazón de la Palabra de Dios y dejar que como consecuencia de tu cercanía con la Palabra, tu conversación sea cambiada por Dios mismo.

3. Ten terror, pero de Dios.

Como ya lo he dicho, Dios nos creó para temer. Sí, ya sé que Dios nos creó para Su gloria, para habitar en Su presencia, para andar en Sus caminos, para conocerle, confiar en Él, disfrutarle por siempre y ser felices al hacerlo. Pero eso no es contrario a lo que te acabo decir, Dios nos diseñó para temer. La realidad es que vas a temer.

Si batallas con ansiedad, pánico o cosas parecidas, no te sientas mal, estás hecho para temer. El problema radica en que tu fuente de temor es bien «pirata», por eso tu temor es bien chafa, de mala calidad, te paraliza, esclaviza y destruye.

Debido a que el temor no es optativo y fuimos creados para temer, entonces durante nuestras vidas vamos a escoger entre dos temores:

• Temer a Dios (Creador) | • Temer a lo creado

El primero te paga con una vida nueva llena de gozo, esperanza, perdón y propósito eterno. El segundo te esclaviza y te causa una muerte lenta y miserable, porque en realidad no vives, estás tan esclavo que no disfrutas a Dios y lo que ofrece. Te limitas a subsistir / sobrevivir.

Ahora, sé que hay riesgos y peligros, pero me encanta cuando alguien entiende el Evangelio. Esa persona puede vivir, como diría mi buen amigo Jeremy Pierre, una teología de manos abiertas, donde Dios puede quitar y poner lo que guste, ya que mi confianza no está en lo que pone o quita, en lo que tengo o me falta, sino en que Él me tiene a mí, me ama y promete que no me desamparará de este lado de la eternidad y será eterno cuando le vea cara a cara por siempre. Todo esto será posible solo por la persona y obra de Jesús.

Es aleccionador pensar en el tiempo en que amenazaban y perseguían a la iglesia del primer siglo (algo que aún se da en ciertos lugares del planeta) y la razón por la que podían perderlo todo, incluso la vida, era por el nombre de Jesús. Imagina la escena, un cristiano preso por seguir a Jesús, lo empiezan a amenazar y la conversación puede haber sido la siguiente:

Autoridad (A); Cristiano (C)

A: Niega a Jesús y deja de andar hablando de Su reino.

C: No puedo, Cristo es mi vida.

A: Déjalo de hacer o te quitamos todas tus propiedades y dinero.

C: ¿Te refieres a las que de por sí ya di a Su iglesia y que está bendiciendo a tantas personas mientras tú y yo estamos aquí?.

A: ... Ok, ¡déjalo o te torturaremos ahora mismo!

C: ¿Te refieres a deshacer este cuerpo por medio del dolor y una tribulación pasajera que no se compararía con la gloria que me espera con Cristo?

A: ... Hmm, deja eso o destruiremos tu reputación.

C: ¿Te refieres a aquello que de por sí yo sé que está manchadísimo por el pecado, pero que quien más me importa, también lo sabe y me ama?. Es mi Dios y Salvador y me dice que soy hecho nueva criatura.

A: Deja a Jesús o matamos a tu familia.

C: ¿Te refieres a las personas que más amo, con quienes sigo a Jesús y tengo la esperanza que al morir aquí estaremos juntos por siempre con Dios?.

A: Deja a Jesús o....

C: ¿Cómo habría de dejar a mi mejor amigo, si cuando yo estaba muerto Él me buscó, me amó, lavó, salvó y me dio una vida nueva? Nunca me ha dejado y ha prometido que nunca dejará en esta vida ni en la venidera. ¿Cómo habría de dejar a tan especial amigo?»

¿Te das cuenta? Cuando tu vida es Cristo y cada día es santo para Dios, como vimos ayer, no hay amenaza que pueda siquiera tocar lo más importante.

- El dinero es temporal.
- Las propiedades son temporales.
- Tu carro es temporal.
- Tu salud es temporal.[45]
- Tu carrera es temporal.
- Tu familia es temporal.
- Tu vida aquí es temporal.

Dios es eterno

¿No sería más sensato tener temor a Aquel que es eterno?

Creo que sabes y hemos hablado en este libro de lo que experimenta el que teme a lo creado, pero entre otras hermosas promesas, esto lo que obtiene el que teme al Señor:

---

[45] Qué horror que por miedo a que nos infectemos con un virus dejamos de ser luz y servir. Dejamos de ser útiles para que Dios alcance y salve al mundo del peor virus y más mortal y eterno: el pecado y la muerte.

- Es el inicio o base de la sabiduría y es la sabiduría misma - Pr 1:7; Job 28:28.
- Es aborrecer el mal - Pr 8:13.
- Multiplica los días - Pr 10:27.
- En ello hay confianza segura (justo lo que el ansioso necesita y el deprimido anhela) - Pr 14:26 .
- Fuente de vida - Pr 14:27.
- Es instrucción de sabiduría - Pr 15:33.
- Es lo que nos hace apartarnos del mal - Pr 16:6.
- Conduce a la vida (es muy difícil leer y meditar y proverbios y no acabar viendo que apuntan a Jesús) - Pr 19:23.
- Da descanso satisfecho - Pr 19:23.
- Es algo en lo que en Cristo podemos deleitarnos - Is 11:3.
- Es algo a conocer - 2 Co 5:11.

No podemos negar que el temor es un problema real. Hablaba con uno de mis mentores y me decía que no entendía lo que era un ataque de ansiedad hasta que sintió uno en plena predicación. Debido a un problema de salud se le cerró la garganta y no podía respirar. Por un momento le dieron taquicardias, y pensamientos de muerte. Incluso hoy al sentir algo extraño en la garganta, pareciera como si se le activase en automático esa sensación de temor. Por eso me gustó lo que dijo que hace cuando tiene esas sensaciones aterrorizantes, «Debo entonces empezar a hablarme, a predicarme verdad al alma». El salmista dice lo mismo con las siguientes palabras:

> *«Bendeciré al Señor que me aconseja;*
> *En verdad, en las noches mi corazón me instruye.*
> *Al Señor he puesto continuamente delante de mí;*
> *Porque está a mi diestra, permaneceré firme.*
> *Por tanto, mi corazón se alegra y mi alma se regocija;*
> *También mi carne morará segura»*
> (Sal 16:7-9).

El temor de Dios es la única fuente para esa paz integral (corazón, alma y cuerpo). Así se puede percibir al Señor como nuestro consejero, poniéndolo continuamente delante nuestro[46] y saber que está con nosotros.[47]

> *«El temor del hombre es un lazo,*
> *Pero el que confía en el Señor estará seguro»*
> (Pr 29:25).

---

[46] Para eso diseñé "confía" en la TÁCTICA, y las alarmas o recordatorias durante los días de la semana.

[47] Emanuel: Dios con nosotros.

El Señor no nos dice que no habrá amenazas, tampoco dice que no habrá riesgos ni que nada malo te pasará, sino que, sin importar lo que pase de este lado del sol, si fijas tu mirada en tu Dios eterno, entonces Él te dará una paz sobrenatural en nuestra temporalidad.

¡Dios no te va a dejar jamás!

Ya sea que estés sufriendo por pecado o padecimiento, pero si tu vida ha sido rendida al señorío de Jesús, entonces Él promete que no te dejará ni te desamparará. Estás en la mejor compañía como verás mañana. Sin embargo, hoy quiero dejarte algo muy claro: Dios te ama, no te dejará y tu quebranto es solo una invitación a Su casa.

¿Sabes dónde vive Dios? Tiene dos códigos postales distintos, uno en lo alto y eterno (Is 57:15), un lugar inaccesible, más probamos parte de esos lugares celestiales en Cristo (Ef 1). Pero su otra ubicación, ¿sabes cuál es? De acuerdo con el mismo versículo de Isaías, el Señor también habita con el quebrantado (arrepentido, dice la NTV) y humilde. El objetivo del Señor es claro: vivificar, restaurar el espíritu destrozado del humilde y reavivar el valor de los que tiene un corazón arrepentido. ¡Leíste bien! Restaurar y reavivar el valor es algo que de manera real y de dentro hacia fuera sólo lo hace Dios.

Por eso te animo a que no te sientas mal por sentirte mal. Hay ocasiones en que Dios permite situaciones o sentimientos difíciles para que vuelvas a Él. Esa es quizás la razón por la que estás leyendo este libro y a punto de terminar su primera vuelta.

El problema radica en que, si no conoces aún bien a Dios, la percepción que tienes de Él o la que quizás te han enseñado mal, hace que creas que cuando estás mal no debes acercarte a Él, cuando es absolutamente todo lo contrario. Es en tu peor momento que Dios se acerca a ti. Podríamos escribir otro libro con este único tema, pero lee conmigo lo que dice Pablo:

«Porque mientras aún éramos débiles, a su tiempo Cristo murió por los impíos. Porque difícilmente habrá alguien que muera por un justo, aunque tal vez alguno se atreva a morir por el bueno. Pero Dios demuestra su amor para con nosotros, en que siendo aún pecadores, Cristo murió por nosotros.

Entonces mucho más, habiendo sido ahora justificados por Su sangre, seremos salvos de la ira de Dios por medio de Él. Porque si cuando éramos enemigos fuimos reconciliados con Dios por la muerte de Su Hijo, mucho más, habiendo sido re-

conciliados, seremos salvos por Su vida. Y no solo esto, sino que también nos gloriamos en Dios por medio de nuestro Señor Jesucristo, por quien ahora hemos recibido la reconciliación» (Ro 5:6-11).

Jesús no murió por nosotros cuando podíamos ser fuertes, ordenados, alegres y plenos. Tampoco la idea es que tú das un paso y Dios da el otro. Él hizo todo, incluso cuando nosotros no hacíamos nada. Jesucristo hizo lo que tú y yo jamás podríamos hacer al ponernos en paz con Dios.

Cristo murió para demostrar que el amor de Dios no es de este mundo. Vino a este mundo por amor, no como un acto de amor solamente, sino porque Él es amor. El Padre le dio la espalda en la cruz para que, si crees en Jesús y le sigas, puedas saber que jamás te dará la espalda a ti porque ya Cristo pagó por la separación que existía entre Dios y tú.

Un amigo Pastor me invitó a invertir en la bolsa. Me gustó algo que me dijo al ver que me puse un poco nervioso cuando unas acciones que él me sugirió estaban a la baja. Él me dijo, «Es el mejor momento para comprar, recuerda que esto es una inversión a largo plazo».

Él te compró a la baja y te considera como una inversión a largo plazo, eterna para ser exacto. No etiquetes tu vida por un día o temporada de tormenta y de desierto. Eso es solo un capítulo de un libro que cuenta una historia de un Rey que te amó, rescató, será fiel y no te dejará hasta que haya terminado lo que prometió que haría en ti. No te rindas o te lo perderás. ¿Sabes? Ya leí los últimos capítulos de esa historia y se va a poner peor, pero al final... ¡Lo mejor está por venir!

¡Él promete que TE AMARÁ HASTA EL FIN!
(Jn. 13:1).

Jesús es suficiente, mejor y no te fallará, persevera en seguirlo... créele, se especializa en milagros.

5 CS (DÍA 20)

CONDICIÓN. ¿Quién soy en Cristo?/¿Quién dice Dios que soy?

_____

_____

_____

CONVERSACIÓN.

_____

_____

_____

COMPROMISOS.

_____

_____

_____

COMPROBANTES.

1. _____

2. _____

3. _____

4. _____

CLAMOR. Registra aquí tu oración, y al terminar envía las 5Cs a tu consejero/pastor.

_____

_____

_____

Día 21

No estás loco,
estás en buena compañía

Uno de los susurros más comunes de Satanás en momentos difíciles es, «¡Estás solo!». Si lo escuchas no hagas caso. Él sabe que estás en inmejorable compañía, pero hará su labor para que te pase desapercibido, no lo sepas ni lo veas.

«Porque todo lo que fue escrito en tiempos pasados, para nuestra enseñanza se escribió, a fin de que por medio de la paciencia [perseverancia] y del consuelo de las Escrituras tengamos esperanza» (Ro 15:4 NBLA).

Aún recuerdo cuando nací de nuevo por obra de Dios. Desde ese momento, porciones de la Biblia que yo ya había leído y escuchado, de pronto parecían como si Dios me las estuviera enviando directamente a mí justo en ese momento.

Entre esas porciones estaban historias de la Biblia que parecían que Dios me las ponía para hacerme ver que no era el único que pasaba por lo que estaba atravesando. La verdad es que no sé quién nos vendió la idea de que el éxito y la felicidad no combinan con sufrimiento, sacrificio, pérdida y dolor.

Si parte de lo que amamos de las mejores historias del cine y de nuestros héroes favoritos es su resiliencia, su capacidad de sobreponerse a aflicciones y obstáculos y perseverancia hasta alcanzar el logro deseado. ¿Por qué de pronto en nuestra vida cuando vienen las aflicciones y obstáculos nos encerramos aislados en la conversación fatalista que le encanta a Satanás que tengamos con él? Entre otras mentiras se empeñará en que creas que estás muy solo.

Déjame decirte que aun en tu momento más oscuro, si clamas para que Dios abra tus ojos y recurres a la Palabra y perseveras en buscar al Señor, entonces te darás cuenta de que estás en inmejorable compañía.

Tú y yo creemos que nadie ha sufrido como nosotros:

- Traición.
- Perderlo todo.
- Vergüenza.
- Culpa.

- Que te paguen con mal, al que le diste bien.
- No querer seguir.
- Quedarte dormido llorando.
- Pruebas imposibles de superar.
- Presión política, social, cultural y personal.
- Un mañana que parece incierto.
- Estar cara a cara con algo que de plano supera toda nuestra capacidad.
- Ser acusado injustamente.
- Ataques de quien supuestamente tendría que estar de tu lado.
- Ser despreciado.
- Abusado.
- Abandonado.
- Esclavo de alcohol o sustancias.
- _____ (escribe lo que piensas que nadie ha experimentado tal sufrimiento como tú).

Cuando estás pasando mucho tiempo por desiertos o tormentas, sabiendo lo que Dios dice y aún «sin poder salir», es súper normal que te sientas algo loco y que te digas que no puede ser normal que sepas tanto y sigas teniendo esas batallas… pero déjame decirte que eso es normal.

No estás loco, pero sí debes saber que la batalla más dura del cristiano es en la mente. Por eso, cuando te dije que estás en una compañía inmejorable, me refería a que incluso el hombre más usado por Dios para escribir libros en el Nuevo Testamento, Pablo, el apóstol, registró en una de mis porciones favoritas, esa terrible batalla que libraba entre lo que sabe y lo que hace, entre lo que desea y lo que se encuentra haciendo, hasta el punto de sentirse miserable.

Amo la Biblia porque es tan real, inspirada por Dios y usa a Sus siervos para hablar en un lenguaje que no exalta a héroes mortales, sino que nos expone a mortales necesitados, desesperados, pero también agradecidos por Jesús, nuestro Rey y Redentor Eterno.

Mira lo que dice el mismo Pablo. No yo, ni una persona por allí que es más o menos piadosa. No, lo dice el mismo apóstol que es honrado hasta por Pedro y creo que, de este lado del sol, ni tú ni yo le podremos llegar a los talones en su nivel de piedad, intimidad con Dios y el modo en que fue usado por Dios. De pronto ese mismo hombre parece que nos entiende o, mejor dicho, nosotros lo entendemos cuando dice:

«Porque lo que hago, no lo entiendo. Porque no practico lo que quiero hacer, sino que lo que aborrezco, eso

hago. *Y si lo que no quiero hacer, eso hago, estoy de acuerdo con la ley, reconociendo que es buena.*

17 Así que ya no soy yo el que lo hace, sino el pecado que habita en mí. Porque yo sé que en mí, es decir, en mi carne, no habita nada bueno. Porque **el querer está presente en mí, pero el hacer el bien, no. Pues no hago el bien que deseo, sino el mal que no quiero, eso practico.** *Y si lo que no quiero hacer, eso hago, ya no soy yo el que lo hace, sino el pecado que habita en mí.*

Así que, queriendo yo hacer el bien, hallo la ley de que el mal está presente en mí. Porque **en el hombre interior me deleito con la ley de Dios,** *pero* **veo otra ley en los miembros de mi cuerpo que hace guerra contra la ley de mi mente, y me hace prisionero** *de la ley del pecado que está en mis miembros.*

*¡*MISERABLE DE MÍ*! ¿Quién me libertará de este cuerpo de muerte?*

GRACIAS A DIOS, POR JESUCRISTO SEÑOR NUESTRO... *Por tanto, ahora* **no hay condenación para los que están en Cristo Jesús,** *los que no andan conforme a la carne sino conforme al Espíritu. Porque la ley del Espíritu de vida en Cristo Jesús te ha libertado de la ley del pecado y de la muerte. Pues* **lo que la ley no pudo hacer, ya que era débil por causa de la carne, Dios lo hizo: enviando a Su propio Hijo** *en semejanza de carne de pecado y como ofrenda por el pecado,* *condenó al pecado en la carne, para que el requisito de la ley se cumpliera en nosotros, que no andamos conforme a la carne, sino conforme al Espíritu.*

Porque los que viven conforme a la carne, ponen la mente en las cosas de la carne, pero los que viven conforme al Espíritu, en las cosas del Espíritu. *Porque LA MENTE PUESTA EN LA CARNE ES MUERTE, PERO LA MENTE PUESTA EN EL ESPÍRITU ES VIDA Y PAZ.* (Ro 7:15-8:6 NBLA, énfasis mío).

¿Por dónde empezamos? Creo que por las siguientes palabras: «Gracias doy a Dios por Jesucristo, Señor nuestro» (7:25). Hay un descanso especial en el alma cuando, en medio de esta batalla miserable entre lo que sé y lo que veo, lo que siento y lo que quiero, lo que Dios dice y lo que no creo; el Evangelio me recuerda que nunca se trató de que «yo pudiera salir del hoyo» o que «yo era capaz de salir adelante». Por favor, cuando quieras ayudar a alguien en depresión o ansiedad, no le digas, «Ya, no te sientas así, no tienes razón para estar así», porque no sabes la batalla terrible que se está librando en su mente y por su alma.

Si Pablo pudo llegar a concluir que se sentía como un miserable, dejemos a los que somos mucho menores que Pablo poder caminar esa carretera de la desesperación hasta reconocer que nuestra esperanza, fuerza y confianza no está en que nosotros podamos «salir de esto», sino en que justamente Jesús vino por los que no podíamos salir por nosotros mismos.

Escuchaba a un Pastor, cuyo hijo se suicidó hace unos años, decir que su hijo llevaba tantos años batallando con depresión e intentándolo todo, que decía que «ya no había cura», que «no iba a salir nunca de esto». Eso justamente es parte del problema porque en la mente volvemos a la conversación y nos establecemos como los protagonistas de la película.

Como no podemos ser los héroes de nuestra historia, nos rendimos ante esa realidad miserable y el último rayo de esperanza se apaga. Eso hacemos en lugar de volvernos totalmente a Jesús, la Estrella resplandeciente de la mañana (Ap 22:16). Por si no lo sabes, se trata de la primera estrella que sale en la noche oscura anunciando que está por llegar el amanecer. La batalla está perdida si bajamos la mirada a nosotros mismos de nuevo.

Pablo en su batalla, nos da la clave para la victoria:

- Nuestra confianza no está en nosotros y lo que hacemos hoy, sino en Jesús y lo que hizo y promete que hará en nosotros.

- La gratitud rompe la conversación de miseria.
- Se trata de en dónde pongo mi mirada y mente, en lo que veo y hago (en mi carne) o en lo que el Espíritu guía y está haciendo en mí.

El resultado es claro y solo hay dos alternativas: muerte o vida y paz. La vida es justamente lo que la desesperanza quiere acabar. La paz es justo lo que el temor y la ansiedad quieren robar.

Eres valioso para Dios, te compró con el precio de la sangre de Su Hijo; eres amado por Dios, para muestra mira la cruz y escucha al Príncipe de Paz inocente ser deshecho para que tú y yo no enfrentemos la misma pena. Eres débil y nadie te pide que te hagas el fuerte, sino que eres invitado a correr a tu Papá Celestial, el Poderoso de Israel. Lee con detenimiento todas las obras poderosas que Dios hizo y hace con su pueblo y reconoce que es el mismo Dios al cual tú y yo accedemos en Cristo.

De este lado del sol siempre habrá tormentas y desiertos, pero sin importar lo débil o incapaz que te sientas, lo traicionado, herido, solo o perdido que te percibas, si aún tienes pulso y respiras, usa eso poco que tengas para correr en tu mente y llevar de nuevo tu vida a Dios. Él es tu Papá, te ama y te está esperando.

Cuando creas que no tienes nada que ofrecer, tienes razón, no lo tienes, pero eso que no tienes en manos del Dios que tiene todo el poder para hacer más en tres minutos que tú y yo en 30 años, es una mejor fórmula que tú solo esperando y «echándole ganas» para salir del hoyo. Corre a Dios, Él es un Papá compasivo que te entiende y sabe de qué estás hecho, te ama, y no te va a dejar así por siempre. No se trata de mi opinión, sino de lo que Él dice:

«*Como un **padre se compadece de sus hijos**,*
*Así se **compadece el Señor de los que le temen***
(recuerdas que hablamos de que estamos hechos para temer, teme atento a Dios).
*Porque **Él sabe de qué estamos hechos**,*
Se acuerda de que solo somos polvo.
El hombre, como la hierba son sus días;
Como la flor del campo, así florece;
Cuando el viento pasa sobre ella, deja de ser,
Y su lugar ya no la reconoce.
*Pero **la misericordia del Señor es desde la eternidad hasta** ***la eternidad**,*
para los que le temen,
Y su justicia para los hijos de los hijos,
Para los que guardan Su pacto

Y SE ACUERDAN DE SUS PRECEPTOS PARA CUMPLIRLOS»
(Sal 103:13-18 énfasis y notas añadidas).

En la siguiente página encontrarás las porciones bíblicas que he hallado en este peregrinaje, en todas ellas Dios nos demuestra que tiene mucho qué decir de nuestra condición cuando no andamos como quisiéramos. Es mi deseo que así como has meditado, memorizado y considerado en esta jornada varias porciones, las siguientes sumen y sobre todo te animen a ir añadiendo a tu jornada esos preceptos de Dios para ACORDARTE, CUMPLIRLOS Y VIVIR desde la misericordia de Dios, que es para siempre, en tus días buenos. En los que sientes que no son buenos, pueden ser que sean los mejores para tu alma porque al único que tienes es a Dios y Él te ama, no te dejará, te acepta con compasión y si te aferras a Él y sigues a Jesús, Él promete que ya no andarás en tinieblas, sino que tendrás la luz de la vida (Jn 8:12).

Jesús te está invitando a seguirle cada día, no buscando ser perfecto en tus fuerzas, sino andando tras Él y conociendo a Aquel que es perfecto y te ama perfectamente.

A partir de mañana empezarás la segunda vuelta de este libro e irás en la búsqueda de aquellas verdades que quizás no consideraste la primera vez. Volverán a aparecer en la mesa y con ellos principios de vida y acciones coherentes en el mapa de tu jornada de este lado del sol con Jesús.

Créeme, habrá cosas que sonarán repetitivas y las estás repitiendo porque mi oración es que algún día puedas andar tanto con Jesús que estés listo para poder acompañar a alguien que estaba como tú, sin esperanza y sin Dios en esa jornada en donde se encontraron nuestra condición miserable con Su admirable favor y amor. Uno es temporal y el otro es eterno.

5 CS (DÍA 21)

CONDICIÓN. ¿Quién soy en Cristo?/¿Quién dice Dios que soy?

_____

_____

_____

CONVERSACIÓN.

_____

_____

COMPROMISOS.

COMPROBANTES.

1. _____

2. _____

3. _____

4. _____

CLAMOR. Registra aquí tu oración, y al terminar envía las 5Cs a tu consejero/pastor.

_____

_____

_____

Has sido muy valiente y diligente, ahora permíteme orar por ti y por mí, ¿sí?

Padre, pocas condiciones son tan tenebrosas como el desierto depresivo o la tormenta de ansiedad, pero si tienes que permitir eso en nuestra vida de este lado del sol es para que desesperemos por Ti, ¡GRACIAS!

Nos hemos mostrado tan arrogantes y ciegos, autodependientes y necios, que quizás debamos empezar por agradecer lo que sentimos, aquello que nos obliga a ser guiados por lo que sabemos de Ti: que Tú no cambias, nuestro ánimo sí; que Tú eres fiel, nosotros no; que tus promesas son eternas, nuestros esfuerzos limitados y temporales.

Ayúdanos a perseverar en la dirección correcta en nuestra mente, prioridades, conversaciones y acciones enfocados en Jesús, quien hace posible que seamos libres de la ilusión de que saldremos con nuestras fuerzas y nos invita a que le involucremos y le veamos como poderoso y especializado en convertir momentos dolorosos en destinos gloriosos.

Inclina nuestro corazón a Ti y a otros, al amor a tu Nombre y a quienes has puesto y has de poner a nuestro alrededor, que les amas y que podamos ser luz, amarles y servirles de tu parte.

De pronto nos vamos dando cuenta de que nuestro valle de sombra de muerte empieza a reverdecer y tener luz cuando seguimos y reflejamos a Jesús, la Luz.

Si en tu gracia nos concedes, que el día que has de llamarnos a cuentas, podamos haber gastado nuestros días en lo que vale la pena, no en «mejorar» nuestra condición, sino en conocer y dar a conocer a Aquel que nos da acceso y tiene como destino para Sus hijos una eternidad. Sin esa confianza habrá días en que nuestra carne pareciera estar ganando la batalla, pero un día no existirá más y nuestra alma morará plena mientras contempla a quien siempre deseó. Anhelamos que otros puedan conocer a Cristo Jesús.

Recuérdanos que la vida no consiste en lo que sentimos, sino en lo que somos en Él y, por ende, a comprometernos en conocer, creer y abrazar quien dices Tú que somos, no en quien creemos temporalmente ser sin ti.

Reconocemos que no podemos hacer eso sin Ti, por lo que invocamos la presencia de tu Espíritu Santo en nuestro ser para que haga posible lo que Tú dices que Él hace, es decir, recordarnos tus Palabras y glorificar a Jesús, en cuyo nombre te rogamos esto. Amén».

Cuando creas que se te acaben las balas para esta pelea, recuerda que en la siguiente página tú y yo recibimos el arsenal necesario para seguir… no por nosotros, sino Él en nosotros.

Eres amado, ¡no lo olvides! Tu mayor problema, la condición de tu alma y el destino eterno de tu ser, Dios ya lo resolvió en Jesús. Entonces, no dudes ni un segundo que ahora que eres suyo se va a desentender de ti.

> «Cuando pases por las aguas, Yo estaré contigo,
> Y si por los ríos, no te cubrirán.
> Cuando pases por el fuego, no te quemarás,
> Ni la llama te abrasará».
> Porque Yo soy el Señor tu Dios,
> El Santo de Israel, tu Salvador;
> He dado a Egipto por tu rescate,
> A Cus y a Seba en lugar tuyo.
> »Ya que eres precioso a Mis ojos,
> Digno de honra, y Yo te amo,
> Entregaré a otros hombres en lugar tuyo,
> Y a otros pueblos por tu vida.
> «No temas, porque Yo estoy contigo…»
> (Is 43:2-5 NBLA).

Dios pagó un mejor rescate que Egipto por ti y por mí. Entregó a Su hijo para hacernos Sus hijos. Así como cuando niño temías, clamabas y corrías a Papá, tu alma y la mía hoy tienen esa misma necesidad. ¡Corre en pos de Dios! Tu Papá te ama y te está esperando. Lo sé… lo he leído, experimentado, visto y cada mañana no hay nada como despertar, correr a Papá y saber que me ama y tiene un plan hermoso y seguro para mí...y para ti.

La historia no ha acabado. Hace muchos años pasaba las noches considerando cómo quitarme la vida. Por el contrario, hoy al terminar este libro cerraré mi iPad, iré a la cama y pasaré mi mejor parte del día con Aquel a quien le rendí mi vida e hizo lo que yo jamás pensé al llenarme de alegría, cambiar mis ropas de luto y vestirme de alegría, no porque las circunstancias sean perfectas, sino porque Su amor por mí es perfecto. Puedo decir ¡amén! a lo que el salmista escribió:

«Tú has cambiado mi lamento en danza;
Has desatado mi ropa de luto y me has ceñido de alegría;
Para que mi alma te cante alabanzas y no esté callada.
Oh SEÑOR, Dios mío, te daré gracias por siempre»
(Sal 30:11-12 NBLA).

Este libro fue escrito simplemente por un libre que da gracias y no se queda callado porque anhela que otros atados en el lamento y el temor puedan saber lo que Jesucristo hizo por ellos. Es mi oración que Dios te use para que otros puedan andar en la esperanza que está a la mano y dispuesta para todo aquel que cree.

Para más consejos, #SigueAJesus

Esta parte es esa escena de *Matrix* donde Neo pide «armas, muchas armas». Por favor, es tu libro, así que te invito que al final puedas ir sumando las porciones Bíblicas que tú has hallado para que quizás un día puedas también, como yo, compartir lo que Dios te ha dado y hecho por medio de Su Palabra.

Salmo 142:4-7
Salmo 102:18

Cuando sabes donde está, realmente no lo has perdido

«Pero no queremos, hermanos, que ignoren acerca de los que duermen, para que no se entristezcan como lo hacen los demás que no tienen esperanza. Porque si creemos que Jesús murió y resucitó, así también Dios traerá con Él a los que durmieron en Jesús»
(1 Ts 4:13-14 NBLA).

———————

Estoy terminando de escribir este libro en abril 2022, dos años después de que empezó la pandemia de COVID. Hace unas semanas un hermano nuevo en la iglesia que trabaja en un hospital de gobierno nos decía que había visto morir en estos dos años al menos 2,000 personas en el hospital. Si sumas las otras causas de muerte, ya sean naturales, por enfermedades o accidentes, la realidad es que la PÉRDIDA (así, con mayúsculas) de este lado del sol es un común denominador de este mundo caído mientras espera el regreso de Cristo. Creo que tanto tú como yo sabemos lo que es el duelo y el lamento de «perder» a alguien que amamos.

Me siento a escribir luego de visitar a una familia en la que su hijo de solo 14 años ha muerto luego de 10 meses «peleando» contra la leucemia. Hace apenas cinco semanas un colega y amigo me avisaba y pedía oración porque su hijo menor de 17 años había sufrido un accidente automovilístico. Él iba en una motocicleta y se había llevado la peor parte. Alcanzaron a orar por él en el hospital, pero el daño interno ya era demasiado severo y no sobrevivió la cirugía. Al día siguiente, día en que su hijo cumplía 17 años, mi amigo estaba predicando en el funeral de su muchacho, usando el ataúd como púlpito para anunciar la esperanza que tenemos los hijos de Dios.

Pocas noticias han sido tan inesperadas y, a su vez, tan entristecedoras como las que hemos recibido estos días. Bien dice la Palabra que «si un miembro sufre, todos los miembros sufren con él» (1 Cor. 12:26). Mientras oraba por ellos y buscaba a Dios para encontrar las palabras correctas porque soy consciente del poder que tienen las palabras para edificar y alentar o para distraer y destruir, recordé una charla con uno de mis mentores, el pastor Vance, donde comentábamos que

cuando sabes donde está algo/alguien, realmente no lo has perdido.

Si no tengo mi billetera a la mano, pero sé que la dejé en casa, en realidad no la he perdido. Podríamos inferir algo similar cuando un amado en Cristo es llamado a la presencia de Dios antes que nosotros y ya no está más con nosotros hoy, pero sabemos dónde está. Por lo tanto, podemos tener esperanza de que le volveremos a ver. Sin embargo, no siempre pensamos de esa manera. Cuando algo así pasa en nuestras vidas hay dos tendencias hacia las cuales nos inclinamos:

• No abrazamos más y aferramos a Dios.
• Nos enojamos contra Él.

La primera opción es la que por gracia nos sostiene, alienta y provee esperanza y consuelo eterno. La segunda es fruto de la ceguera y la ignorancia del carácter del Dios verdadero y nos perfila a un modo de sobrevivencia que habitará con tintes de amargura, enojo, frustración y una desesperanza consistente. Aunque este mundo ofertará múltiples opciones superficiales y temporales para «acallar» ese dolor, no habrá respuesta para las preguntas más importantes del alma.

Incluso he visto con los años, como hombres «de ciencia», quienes eran escépticos a todo lo que tiene que ver con Dios, se les concede una pérdida así para que se den cuenta de que somos diseñados para ser algo más que mente/intelecto o cuerpo, que hay un alma que nos indica por medio de emociones que algo no está bien y que no hay una respuesta en el orgullo de negar a Dios, suprimir la verdad (Ro 1) y perseverar en una conversación en la que el ser humano toma el ilusorio rol de juez, en lugar de un necesitado desesperado por su Creador.

Pablo le entrega a la iglesia varios puntos importantes que no quisiera que dejes pasar del texto del encabezado de este capítulo:

- No quiero que ignoren a los que duermen (porque la muerte física es solo la primera de dos muertes que sufre la persona. Los salvos por fe en Cristo únicamente sufren una: la física. Por eso Pablo dice que «duermen» porque no es realmente el fin).
- Si ignoras esa realidad te entristeces como los que no tienen esperanza (los que no están en Cristo, Ef 2).

- Si crees que Jesús es lo que dice ser e hizo, de la forma en que resucitó, así TRAERÁ también consigo a los que durmieron en Él.

¿Qué significa esto? Si crees que Jesús es quien dice la Palabra que es y si un amado en Cristo «se nos adelantó», entonces sabrás dónde está: ¡en Cristo! Porque sabes dónde está, entonces también sabes que no es el final de la historia y, por ende, sabes que le volverás a ver... mucho mejor de lo que jamás le viste.

Cuando doy consejerías o charlas a personas que están estancadas en un duelo, incluso por años, porque un amado en Cristo murió y «ya no está con él», muchas veces el problema no es el dolor de la pérdida, sino el orgullo de que las cosas no salieron como uno las quisiera o las planea. Si somos honestos, en la mayoría de los casos, al final, reconocen que si la persona amaba al Señor y estaba en Cristo, el problema no es que ya no esté, porque lo que sigue para el amado que se fue ya es otra economía diferente a la que nos quedamos y esperamos el regreso de Jesús. El problema es lo que no dijimos cuando pudimos, lo que no disfrutamos cuando estaban, los planes que truncos, la comodidad, seguridad, estabilidad, confianza e incluso fe que inyectaba esa persona a nuestra vida. De modo que el dolor es personal por lo que se «perdió», pero aun el pesar nos tiene que apuntar a Cristo en dos realidades que son como los dos remos de la barca que nos permite navegar por los mares embravecidos de las temporadas de duelo:

1. No hemos perdido nada porque sabemos dónde está nuestro amado.
2. La ausencia de ese valor y virtud que nos daba esa persona, no era en sí la persona, sino que ella era un reflejo de algo que Dios es. El Señor nos está quitando el espejo, el reflejo, para que podamos probar y ver que Dios es aquello que encontrábamos en la persona que ya no está y que ahora se adelantó para estar con su Amado.

Pero un día regresará nuestro Amado y con él volverán los que durmieron en Él y seremos arrebatados con ellos en las nubes al encuentro de nuestro Señor y así estaremos ¡SIEMPRE CON ÉL! (1 Ts 4:17).

Así como Pablo oró por sus discípulos de la iglesia Tesalónica, también oró para que esa esperanza pueda traer consuelo a los que esperamos, sabiendo que en Cristo no hemos perdido nada… sabemos dónde está y que le veremos pronto. Mientras tanto, sí es válido llorar, es natural estar triste, pero no como la gente que no tiene esta poderosa esperanza. Vivamos de una manera digna del Evangelio, de las buenas noticias que nos dicen justamente que Cristo venció la muerte, que anuncian que ya no es el final de la historia, solamente es una caseta que los hijos de Dios cruzan rumbo al destino más anhelado del alma: la eternidad con nuestro Amado para siempre, sin todo esto que causó el pecado, sino con todo lo que nuestro Dios habrá de restaurar y perfeccionar para Su gloria eterna.

Por lo tanto, en la tristeza y los susurros del enemigo que enfatizan todo lo que perdiste al despedir a un amado de este lado de la eternidad, recuerda y predícate:

NO HE PERDIDO NADA, SÉ EXACTAMENTE DONDE ESTÁ...y sólo se adelantó a lo que ambos ya queremos ver: nuestro Amado Rey y Redentor y estar con Él por siempre.

5 CS (ANEXO: DÍA 22)

CONDICIÓN. ¿Qué has aprendido de Dios hasta hoy en esta situación de duelo y «pérdida»? ¿Qué conoces ya de Él?

_____

_____

_____

CONVERSACIÓN. Entonces, fruto de eso que sabes ¿cómo cambia la plática a tu alma cuando tengas días a la baja?

_____

_____

COMPROMISOS.

_____

_____

COMPROBANTES.

_____

_____

_____

_____

CLAMOR. (registra aquí tu oración, y al terminar esto, envía las 5Cs a tu consejero/pastor).

_____
_____
_____
_____

SOBRE EL AUTOR

Kike Torres es pastor, consejero bíblico certificado, maestro y autor. Desde 2011 se desempeña como Pastor Líder de Horizonte y La Carpa en Querétaro, MX. Tiene un corazón inclinado a la oración, la predicación, la plantación de iglesias, la consejería bíblica y el cuidado pastoral.

Certificado en Consejería Bíblica por ACBC, hospeda cada Noviembre la conferencia hispana más importante y plural de Consejería Bíblica de Latinoamérica, donde son el primer centro certificado de educación en Consejería Bíblica en México.

Graduado de la Maestría en SEBTS, donde actualmente cursa su Doctorado. El ministerio de enseñanza bíblica puede ser visto en el canal Horizonte: Cristo es Mejor, en YouTube. Y en redes sociales aparece como @pastorreskike

Vive en Querétaro, MX con su esposa Paulina y su hijo Christian.

El autor pone a disposición del lector versículos útiles para enfrentar las batallas de ansiedad y depresión por las que está atravesando. Pueden consultarse en: